BIODERECHO Y LA REGULACIÓN DE LA BIOTECNOLOGÍA COMO EJE DEL DESARROLLO GLOBAL

RAFAEL ALBERTO ZÚÑIGA MERCADO
VALENTINA VERBEL MARTÍNEZ
EFRAIN DAVID SEVILLA DE LA OSSA

Title: ***BIODERECHO Y LA REGULACIÓN DE LA BIOTECNOLOGÍA COMO EJE DEL DESARROLLO GLOBAL***

ISBN: 979-8-89966-126-6

Author: RAFAEL ALBERTO ZÚÑIGA MERCADO, VALENTINA VERBEL MARTÍNEZ,EFRAIN DAVID SEVILLA DE LA OSSA

Cover image: RAFAEL ALBERTO ZUÑIGA MERCADO

Publisher: Generis Publishing
Online orders: www.generis-publishing.com
Contact email: info@generis-publishing.com

Generis
PUBLISHING

BIODERECHO Y LA REGULACIÓN DE LA BIOTECNOLOGÍA COMO EJE DEL DESARROLLO GLOBAL

“No hay desarrollo global sostenible sin biotecnología,
y no hay biotecnología socialmente legítima
sin Bioderecho”

AUTORES

RAFAEL ALBERTO ZÚÑIGA MERCADO

https://orcid.org/0009-0000-2962-3947

*Abogado y Doctor en Administración (C), enfocado en Administración Pública, Trabajo Decente y Derechos Humanos con la tesis 'Operatividad del Trabajo Decente en Colombia' ejerciendo el Derecho mediante el litigio y la docencia Universitaria coordinador del semillero **IUS PUBLICUM***

Ha publicado artículos académicos "El trabajo decente en Colombia, una aproximación desde los derechos humanos", " Trabajo decente en colombia: análisis de indicadores y presupuestos en el marco del ODS 8 " y es autor de libros el "Trabajo Decente como Derecho Humano en Latinoamérica y Colombia", " Multidimensionalidad del Trabajo Decente y su Intersección con la Justicia social" así como su propuesta como antesala a la presente publicación: **Teoría bio-laboral y su rol en la protección del trabajo decente.**

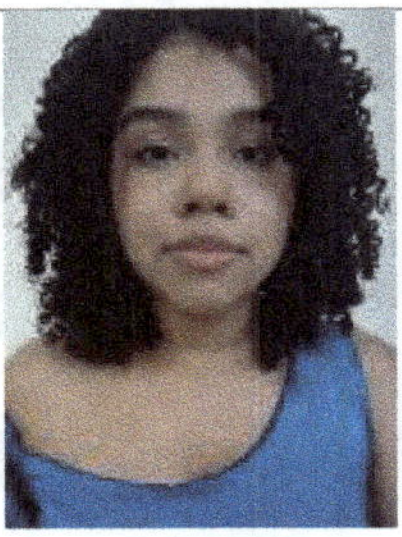

VALENTINA VERBEL MARTÍNEZ

https://orcid.org/0009-0007-2580-5568

*Estudiante del Programa de Derecho adscrito al Departamento de Ciencias Jurídicas de la Universidad de Córdoba. Integrante del Semillero de Investigación **IUS PUBLICUM** y co-investigadora del proyecto* "Biotecnología en la implementación de los ODS en Colombia: un análisis desde la bioseguridad y la bioética", *con código SI-FACEJA-02-23, aprobado mediante Convocatoria Interna para el fortalecimiento de semilleros de investigación, año 2023, Acuerdo No. 282.*

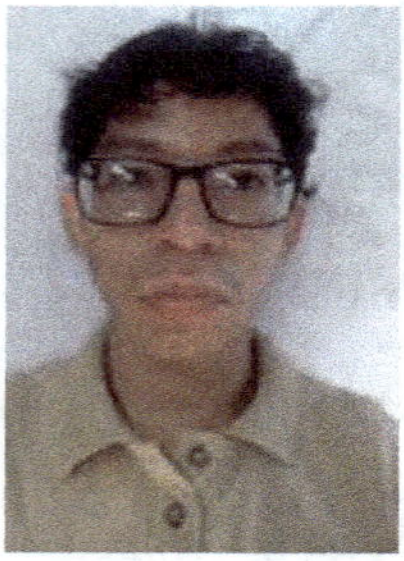

EFRAIN DAVID SEVILLA DE LA OSSA

ORCID: 0009-0007-3980-753X

Estudiante del Programa de Derecho adscrito al Departamento de Ciencias Jurídicas de la Universidad de Córdoba. Integrante del Semillero de Investigación ***IUS PUBLICUM*** *y co-investigadora del proyecto* "Biotecnología en la implementación de los ODS en Colombia: un análisis desde la bioseguridad y la bioética", *con código SI-FACEJA-02-23, aprobado mediante Convocatoria Interna para el fortalecimiento de semilleros de investigación, año 2023, Acuerdo No. 282.*

ÍNDICE EN ESPAÑOL

Agradecimientos **13**
BIODERECHO Y LA REGULACIÓN DE LA BIOTECNOLOGÍA COMO EJE DEL DESARROLLO GLOBAL **15**
Introducción **17**
Capítulo 1: Biotecnología Contemporánea **21**
Introducción 21
Biotecnología: definición, evolución histórica y alcances contemporáneos 22
Análisis sectorial global sobre Avances en la biotecnología contemporánea. 24
Implicaciones Éticas, Legales y Sociales de los Desarrollos Biotecnológicos Contemporáneos 29
Las dimensiones éticas de la biotecnología contemporánea 30
Implicaciones legales: entre la propiedad intelectual y la bioseguridad 31
Dimensiones sociales: confianza pública, cultura y responsabilidad social corporativa 32
Gobernanza y el desafío de la integralidad del ELSI 33
Conclusiones 35
Referencias bibliográficas 37
Capítulo 2: Bioderecho Contemporáneo **43**
Introducción 43
Bioderecho: De la Bioética a la Autonomía Jurídica 44
Autonomía disciplinar del Bioderecho frente a la Biotecnología 50
Autonomía disciplinar del bioderecho 51
Principales ámbitos de aplicación del bioderecho 52
Retos ético-jurídicos actuales 54
Innovación biotecnológica y bioderecho: entre la expansión científica y la regulación normativa 55
Conclusiones. 57
Referencias Bibliográficas 59
Capítulo 3: Regulación Jurídica de Avances Biotecnológicos en el contexto de los ODS **63**
Introducción 63
El desarrollo sostenible: Nuevo paradigma del Derecho Internacional 64
Balance actual de los Objetivos de Desarrollo Sostenible (ODS) a diez años de su adopción 66
Biotecnología, bioseguridad y bioética: Nociones generales y marco jurídico 67
Bioética y derecho 69
Bioseguridad y principios ambientales 70

Marco jurídico de la biotecnología 71
Biotecnología y su Rol en el Cumplimiento de la Agenda 2030 73
Biotecnología para un Futuro Sostenible: aportes al cumplimiento de los Objetivos de Desarrollo Sostenible 76
Bioderecho y su Rol en el Cumplimiento de la Agenda 2030 79
Bioderecho como marco normativo y ético 79
Bioderecho y la gestión de sinergias y tensiones entre ODS 79
Bioderecho, gobernanza global y cooperación internacional 80
Bioderecho, biotecnología y sostenibilidad corporativa 80
Bioderecho entre la crítica política y la ética de la cooperación 80
Conclusiones 81
Referencias Bibliográficas 84

Agradecimientos

Los autores expresan su más profundo agradecimiento a la **UNIVERSIDAD DE CÓRDOBA**, en especial a la ***Facultad De Ciencias Económicas, Jurídicas Y Administrativas***, por el respaldo institucional que permitió la ejecución del proyecto *"BIOTECNOLOGÍA EN LA IMPLEMENTACIÓN DE LOS ODS EN COLOMBIA: UN ANÁLISIS DESDE LA BIOSEGURIDAD Y LA BIOÉTICA"*, identificado con el código **SI-FACEJA-02-23**, aprobado mediante la **CONVOCATORIA INTERNA PARA EL FORTALECIMIENTO DE SEMILLEROS DE INVESTIGACIÓN, AÑO 2023, ACUERDO No. 282**.

De igual manera, reconocemos la importancia de los escenarios académicos brindados en el marco de las convocatorias derivadas del **CONGRESO NACIONAL DE SEMILLEROS DE INVESTIGACIÓN Y EMPRENDIMIENTO – CONASIE**, los cuales han fortalecido el intercambio de saberes y la proyección de los semilleros como espacios de investigación y formación.

Nuestro especial reconocimiento al **DR. ORLANDO ALARCÓN**, jefe del **DEPARTAMENTO DE CIENCIAS JURÍDICAS**, por su liderazgo y apoyo en la consolidación de procesos investigativos, en particular aquellos orientados al fomento de las líneas en **DERECHO AMBIENTAL** dentro del **PROGRAMA DE DERECHO**, que han abierto nuevas perspectivas para la articulación entre ciencia, derecho y sostenibilidad.

Extendemos también nuestra gratitud a los integrantes del **SEMILLERO IUS PUBLICUM**, quienes, con su compromiso académico y entusiasmo, han contribuido de manera significativa al desarrollo del presente trabajo.

Finalmente, agradecemos a nuestras familias y a todas las personas comprometidas en la gestión de este proyecto, cuyo apoyo moral, intelectual y logístico fue decisivo para la culminación de este libro.

Con gratitud,

Los Autores

BIODERECHO Y LA REGULACIÓN DE LA BIOTECNOLOGÍA COMO EJE DEL DESARROLLO GLOBAL

"Derecho y ciencia para el futuro"

Introducción

La biotecnología vive una aceleración sin precedentes. La ingeniería de sistemas biológicos, la evolución dirigida, la biología sintética, la inteligencia artificial aplicada y las nuevas plataformas de entrega terapéutica están transformando la agricultura, la salud, la energía y los procesos industriales (Bassalo, Liu & Gill, 2016; Dragosits & Mattanovich, 2013; Reetz, 2016; Nielsen, Segall-Shapiro & Voigt, 2013; Castle, Stock & Gorochowski, 2024; Holzinger et al., 2023; Fenton et al., 2018; Ornelas et al., 2023). Este cambio técnico no ocurre en el vacío, sino que arrastra implicaciones éticas, legales y sociales de alta complejidad que reclaman respuestas normativas oportunas y proporcionales (Glasner & Rothman, 2001; Bhargava, 2006; Ogbogu & Ahmed, 2022; Trump et al., 2023; Tzortzatou Nanopoulou et al., 2023).

Al mismo tiempo, la comunidad internacional ha consagrado la Agenda 2030 como brújula del desarrollo sostenible. Sin embargo, su implementación ha mostrado avances desiguales y, en muchos casos, insuficientes (United Nations, 2019; Carpentier & Braun, 2020; Fernández-Liesa, 2022; CODS, 2019; Lafortune & Fulle, 2025; Asamblea General de las Naciones Unidas, 2023). La tensión es evidente: se necesita innovar más y mejor para cumplir metas climáticas, sanitarias y productivas, sin que ello agrave desigualdades estructurales ni genere nuevos riesgos para la humanidad y los ecosistemas.

En este contexto, la obra parte de una tesis dual y contundente: la biotecnología constituye hoy un eje del desarrollo global por su capacidad de aportar soluciones en seguridad alimentaria, salud, agua, energía, economía circular y restauración ambiental (Smyth, 2022; Sutherland et al., 2021; Olabi et al., 2023; Reuß, Commichau & Stülke, 2017; Donato et al., 2023; Giordano, Murali Babu & Mazzolai, 2023; Gizewski, v.d. Sande & Holtmann, 2023; Milić, Avdalović & Knudsen, 2024; Polanco & Martínez, 2023), pero esta centralidad exige ser encauzada por un marco regulador autónomo y especializado: el Bioderecho. Esta disciplina, tomando a la bioética como fundamento, convierte principios en obligaciones jurídicas y pautas de gobernanza capaces de alinear innovación, dignidad humana y sostenibilidad fuerte (Casabona & Malanda, 2019; Valdés, 2019, 2021a, 2021b, 2021c, 2021d; Have & Neves, 2021; Mazo Álvarez, 2014; Rivabem, 2017; Kemp, 2019).

El propósito de este libro es postular una línea biojurídica que permita regular la biotecnología de manera que responda a tres exigencias esenciales: la eficacia regulatoria frente a la brecha existente entre grandes consensos y cumplimiento real, habitual en los instrumentos de *soft law* (Martínez Jurado, 2018; Fernández-Liesa, 2022); la integración proporcional de las dimensiones éticas y sociales en las decisiones públicas y privadas (Ogbogu & Ahmed, 2022; Trump et al., 2023); y la alineación con las agendas internacionales para convertir la Agenda 2030 en normas y políticas exigibles en los planos nacionales y sectoriales (Carpentier & Braun, 2020; Li, 2020; Neidhardt, 2024). El método combina revisión doctrinal y conceptual, análisis de instrumentos internacionales como el Convenio sobre la Diversidad Biológica y el Protocolo de Cartagena, y estudio comparado de marcos regulatorios en América Latina en materia de bioseguridad y acceso a recursos genéticos (ONU, 1992a; Urrutia Libarona, 2008; Magalhães, 2007; Congreso de los Estados Unidos Mexicanos, 2005; Congresso Nacional, 2005; Ministerio de Agricultura, 2011; Presidencia de la República, 2005; ICA, 2006).

El principal aporte de la obra consiste en articular una propuesta de Bioderecho de la biotecnología que traduzca principios bioéticos en regulación sectorial —particularmente en salud, agro, ambiente y datos biológicos— con énfasis en bioseguridad, precaución y sostenibilidad fuerte (Silveira Gorski & Méndez Baiges, 2015; Valdés, 2021b). Además, plantea la necesidad de una gobernanza multinivel que conecte compromisos globales con planes y políticas nacionales (Scott & Rajabifard, 2017; Tsalis et al., 2020), reconoce la diversidad de trayectorias tecnológicas —desde edición genómica hasta biología de microalgas, biomateriales e inteligencia artificial— y propone repensar los instrumentos regulatorios al riesgo, al impacto y al grado de madurez de cada innovación (Fenton et al., 2018; Sutherland et al., 2021; Holzinger et al., 2023; Donato et al., 2023). Finalmente, subraya que la formación de capacidades y el fortalecimiento institucional son condiciones indispensables para la gobernanza efectiva de la biotecnología (Díaz et al., 2024).

El análisis se concentra en la biotecnología contemporánea y en su regulación desde el Bioderecho, con particular atención a América Latina y a los marcos internacionales relevantes. No se pretende agotar los debates filosóficos más amplios, sino ofrecer criterios operativos útiles para legisladores, jueces, agencias regulatorias, empresas y la comunidad científica.

La estructura del libro refleja esta orientación. El primer capítulo estudia la biotecnología contemporánea, sus definiciones y evolución histórica, los principales avances sectoriales y sus implicaciones éticas, legales y sociales, así como los desafíos de gobernanza integral. El segundo capítulo se centra en el Bioderecho, desde sus raíces en la bioética hasta su consolidación como disciplina autónoma, desarrollando sus principios, ámbitos de aplicación y retos normativos actuales. El tercer capítulo vincula ambas dimensiones y analiza la regulación jurídica de los avances biotecnológicos en el contexto de los Objetivos de Desarrollo Sostenible, explicando el papel del Bioderecho como marco normativo y ético para la Agenda 2030 y para la construcción de un futuro sostenible.

La premisa que guía toda la obra es que ***no hay desarrollo global sostenible sin biotecnología, y no hay biotecnología socialmente legítima sin Bioderecho***. La primera aporta soluciones técnicas a retos sistémicos; el segundo las legitima, ordena y limita para que contribuyan de manera efectiva y verificable a los Objetivos de Desarrollo Sostenible. La articulación que aquí se propone busca servir de hoja de ruta normativa para que la innovación biotecnológica se convierta en política pública exigible, medible y transparente, al servicio de las personas y de los ecosistemas (Li, 2020; Valdés, 2021b; Scott & Rajabifard, 2017; Asamblea General de las Naciones Unidas, 2023).

Capítulo 1: Biotecnología Contemporánea

Introducción

La biotecnología se ha consolidado en las últimas décadas como uno de los campos más dinámicos y transformadores de la ciencia contemporánea. Su carácter interdisciplinario, que integra conocimientos de biología, química, informática, nanotecnología e ingeniería, ha permitido el desarrollo de soluciones innovadoras para la salud, la agricultura, la industria y el medio ambiente, contribuyendo al surgimiento de una bioeconomía global con amplio potencial de impacto social y económico (Eskandar, 2023; Straathof et al., 2019). La relevancia de este campo radica en sus aplicaciones tecnológicas y en el debate que suscita respecto a sus implicaciones éticas, jurídicas y sociales, convirtiéndolo en un eje central para la reflexión académica y la formulación de políticas públicas (Singh, Zeeshan, & Karna, 2023; Trump, Cummings, Klasa, Galaitsi, & Linkov, 2023).

A pesar de los avances notables en áreas como la edición génica, la biología sintética, los biomateriales inteligentes y la inteligencia artificial aplicada a la biomedicina, la biotecnología enfrenta retos complejos relacionados con la equidad en el acceso, la bioseguridad, la regulación internacional y la aceptación social (Fenton et al., 2018; Holzinger et al., 2023; Kamatham et al., 2021). Las tensiones se amplifican por la globalización de estos desarrollos, que no siempre se acompañan de marcos regulatorios homogéneos, ni de mecanismos efectivos de protección frente a riesgos como el mal uso de organismos genéticamente modificados o la explotación desigual de los beneficios (Glasner & Rothman, 2001; Bhargava, 2006). En este sentido, emergen preguntas fundamentales: ¿cómo equilibrar la innovación científica con la responsabilidad social y ambiental?, ¿qué marcos jurídicos son necesarios para garantizar tanto la promoción de la innovación como la protección de los derechos colectivos?, ¿y cómo lograr una gobernanza que sea inclusiva, interdisciplinaria y global?

El presente capítulo se justifica porque ofrece una visión integral de la biotecnología contemporánea, abordando tanto sus avances técnicos como sus implicaciones éticas, legales y sociales. Este análisis resulta necesario para comprender la complejidad de un campo que, al mismo tiempo que promete mejorar la salud, la seguridad alimentaria y la sostenibilidad, también plantea riesgos y dilemas que condicionan su aceptación y legitimidad (Ogbogu & Ahmed, 2022; Tzortzatou-Nanopoulou et al., 2023). De este modo, el capítulo busca no solo describir la evolución y los alcances de la biotecnología, sino también problematizar su desarrollo desde una perspectiva crítica y multidisciplinaria.

En cuanto a su estructura, el capítulo se organiza en varias secciones interconectadas. En primer lugar, se presenta una definición de la biotecnología, su evolución histórica y sus alcances contemporáneos. En segundo lugar, se realiza un análisis sectorial global de los avances recientes en medicina, agricultura, industria y medio ambiente. Posteriormente, se examinan las implicaciones éticas, legales y sociales de los desarrollos biotecnológicos, con apartados específicos dedicados a la ética, la regulación jurídica, la dimensión social y la responsabilidad corporativa. Finalmente, se discuten los desafíos de la gobernanza integral del ELSI (*Ethical, Legal and Social Implications*) y se presentan conclusiones orientadas a resaltar la necesidad de construir marcos de acción interdisciplinarios que equilibren innovación, seguridad, justicia y sostenibilidad.

Biotecnología: definición, evolución histórica y alcances contemporáneos

La biotecnología constituye un campo interdisciplinario que integra principios y herramientas de la biología, la química, la ingeniería y la informática para desarrollar productos, procesos y servicios a partir de organismos vivos, sistemas biológicos o sus componentes. Este concepto, que abarca desde técnicas tradicionales hasta métodos de última generación, ha experimentado una notable transformación histórica, pasando de aplicaciones empíricas en la antigüedad a un enfoque científico y tecnológico consolidado en la actualidad (Ranjha et al., 2022). El presente apartado expone la evolución de la biotecnología desde sus orígenes, analiza los métodos y enfoques que la definen en su etapa contemporánea y revisa sus principales áreas de aplicación, estableciendo un marco de comprensión integral de este campo y de sus implicaciones para el desarrollo científico, industrial y social.

Se ha establecido que las raíces de la biotecnología se remontan a prácticas ancestrales como la fermentación de alimentos y bebidas, con evidencias arqueológicas de elaboración de cerveza en Babilonia hacia el 6000 a. C. (Ranjha et al., 2022). Estas primeras aplicaciones, basadas en la domesticación de microorganismos, marcaron el inicio de una relación utilitaria entre la humanidad y la microbiota. Durante el siglo XIX y principios del XX, la biotecnología transitó hacia una fase industrial con el surgimiento de la zymotecnología, disciplina centrada en la optimización de la fermentación y en la utilización de microorganismos a gran escala para la producción de bienes (Dragosits & Mattanovich, 2013).

La llamada biotecnología moderna emergió en la segunda mitad del siglo XX con la introducción de la tecnología de ADN recombinante, la ingeniería genética y la biología molecular, permitiendo la manipulación directa de secuencias genéticas y la creación de organismos modificados con fines específicos (Reetz, 2016). Este avance, potenciado por el desarrollo de técnicas como la evolución adaptativa en laboratorio (Adaptive Laboratory Evolution, ALE) y la evolución dirigida, abrió posibilidades para el perfeccionamiento de enzimas, la optimización de rutas metabólicas y la generación de fenotipos complejos en microorganismos industriales (Kumar & Singh, 2013; Bassalo et al., 2016; Mavrommati et al., 2021).

En su fase contemporánea, la biotecnología se define por la integración de enfoques evolutivos, ingeniería de sistemas y biología sintética. La ALE permite la selección acumulativa de mutaciones beneficiosas en condiciones controladas para obtener cepas con características mejoradas, como tolerancia a estrés y mayor rendimiento productivo (Dragosits & Mattanovich, 2013; Zhu et al., 2018). Por su parte, la evolución dirigida, basada en ciclos iterativos de mutagénesis y selección, se emplea para mejorar la actividad, especificidad y estabilidad de proteínas y biocatalizadores (Kumar & Singh, 2013; Reetz, 2016; Van Der Oost, 2021). La biología sintética, a su vez, utiliza principios de diseño modular para construir circuitos genéticos, consorcios microbianos y sistemas de producción de moléculas complejas, inspirándose en procesos evolutivos naturales (Ornelas et al., 2023; Castle et al., 2024).

El progreso de la biotecnología contemporánea se ha visto favorecido por la incorporación de tecnologías como la secuenciación de nueva generación, la bioinformática y la biología de sistemas, que permiten una manipulación y optimización más precisa de sistemas biológicos (Judijanto & Auliani, 2024). Asimismo, el uso de algoritmos evolutivos multiobjetivo facilita la resolución de problemas de optimización en procesos biotecnológicos, desde el acoplamiento molecular hasta la ingeniería metabólica (Castillo & Coello, 2024).

Las áreas de aplicación actuales son amplias y diversificadas. En agricultura, la biotecnología ha permitido la mejora genética de cultivos, el desarrollo de resistencia a plagas y enfermedades, la biofertilización y la agricultura de precisión (Ranjha et al., 2022). En la industria, se emplea para producir biocombustibles, compuestos químicos, enzimas y bioplásticos mediante microorganismos optimizados (Bassalo et al., 2016; Zhu et al., 2018). En el sector alimentario, las técnicas fermentativas continúan vigentes en la elaboración de bebidas, lácteos y aditivos (Ranjha et al., 2022). En medicina y salud, ha sido clave en el desarrollo de antibióticos, vacunas, terapias génicas y métodos diagnósticos (Van Der Oost, 2021). En el ámbito ambiental, se utilizan microorganismos y procesos biotecnológicos para la biorremediación y la gestión sostenible de recursos (Ornelas et al., 2023). Finalmente, la biología sintética y la ingeniería evolutiva han abierto oportunidades para generar biomoléculas novedosas y sistemas artificiales con fines terapéuticos e industriales (Castle et al., 2024).

La biotecnología ha transitado desde prácticas empíricas milenarias hasta convertirse en un campo científico-tecnológico con base molecular, capaz de abordar retos complejos en agricultura, industria, salud y medio ambiente. Su evolución histórica revela una progresiva sofisticación de métodos, desde la fermentación tradicional hasta la integración de herramientas como la ingeniería genética, la evolución adaptativa, la evolución dirigida y la biología sintética. En la actualidad, la biotecnología se caracteriza por un alcance multidisciplinario, una fuerte integración tecnológica y un impacto transversal en múltiples sectores, posicionándose como un motor clave para la innovación y el desarrollo sostenible.

Análisis sectorial global sobre Avances en la biotecnología contemporánea.

La biotecnología contemporánea se ha consolidado como un pilar de innovación multidisciplinaria, integrando conocimientos de biología, ingeniería, informática, nanotecnología y ciencias de datos para generar soluciones disruptivas que responden a retos globales en salud, seguridad alimentaria, sostenibilidad ambiental e industrialización limpia (Eskandar, 2023; Holzinger et al., 2023; Straathof et al., 2019). En las últimas décadas, los avances han evolucionado desde aplicaciones experimentales hacia sistemas de alto impacto social, económico y ecológico, respaldados por la maduración de tecnologías como la edición génica, la biología sintética, la inteligencia artificial (IA) aplicada a la biología, la nanotecnología y las plataformas ómicas (Nielsen et al., 2013; Kamatham et al., 2021; Sarsaiya et al., 2024). Estos progresos abarcan sectores tan diversos como la medicina y las ciencias de la salud (Fenton et al., 2018; Prajapati et al., 2024; Kargbo, 2024), la agricultura y la producción de alimentos (Hesami et al., 2020; Khan, 2024; Díaz et al., 2024), la ciencia ambiental y la acuicultura (Mubarak-Umar & Elezuo, 2024), así como la industria biotecnológica en general (Vardar-Sukan & Sukan, 1992; Vdovenko, 2024; Karakhanova et al., 2024). El presente texto examina los principales avances, proyectos e innovaciones recientes en la biotecnología mundial, abordando los sectores mencionados a partir de la literatura científica especializada.

Avances en medicina y ciencias de la salud

En el ámbito médico, la biotecnología ha experimentado un salto cualitativo con la convergencia de la ingeniería genética, la bioinformática y las terapias avanzadas. Las innovaciones incluyen desde biomateriales de nueva generación para la liberación controlada de fármacos hasta terapias génicas y diseños farmacéuticos impulsados por inteligencia artificial. Fenton et al. (2018) destacan el desarrollo de biomateriales para la administración de fármacos que permiten terapias personalizadas, especialmente en inmunoterapia contra el cáncer, enfermedades autoinmunes y edición genómica. La incorporación de materiales poliméricos responsivos y estrategias de inmunomodulación ha mejorado la eficacia y reducido efectos adversos.

Por su parte, Prajapati et al. (2024) documentan el uso de IA, aprendizaje automático y minería de datos en el diseño de nuevos medicamentos, optimizando la identificación de candidatos terapéuticos y mejorando la biodisponibilidad mediante sistemas de liberación inteligente. Las terapias génicas, respaldadas por nanopartículas y microneedles, ofrecen nuevas posibilidades para corregir anomalías genéticas y tratar enfermedades complejas.

La ingeniería de circuitos genéticos, según Nielsen et al. (2013), ha alcanzado un punto de inflexión, permitiendo control preciso de la expresión génica en células vivas mediante herramientas como "tuning knobs" e insuladores, lo que abre la puerta a terapias celulares programables. Kargbo (2024) aporta una perspectiva aplicada al vincular modificaciones genéticas microbianas con la producción de compuestos bioactivos y el tratamiento de enfermedades metabólicas, incluyendo el desarrollo de inhibidores de DGAT2 y terapias inmunomoduladoras para cáncer. Eskandar (2023) y Holzinger et al. (2023) resaltan el papel central de la IA y la nanotecnología en la biomedicina, desde el análisis de datos ómicos para medicina personalizada hasta el diagnóstico precoz mediante procesamiento de imágenes médicas con algoritmos de aprendizaje profundo.

Estos avances están racionalmente sustentados en tres pilares: precisión (intervenir en la causa genética), predicción (IA para decidir mejor y antes) y plataforma (biomateriales versátiles). Sus retos no son menores: costos de acceso, infraestructura hospitalaria y regulación de riesgos a largo plazo.

Innovaciones en agricultura y producción de alimentos

La biotecnología agrícola enfrenta el reto de garantizar la seguridad alimentaria en un contexto de cambio climático y degradación de recursos. Se han desarrollado cultivos resistentes a plagas, tolerantes a estrés hídrico y con mejoras nutricionales. Kamatham et al. (2021) subrayan el éxito de cultivos transgénicos con toxinas de *Bacillus thuringiensis* (Bt), proteínas vegetales tóxicas y metabolitos secundarios, complementados con estrategias de RNAi y gene drives basados en CRISPR para retrasar la resistencia de insectos. Khan (2024) amplía esta perspectiva al integrar prácticas sostenibles como agroecología, manejo integrado de plagas y agricultura de precisión basada en datos.

Hesami et al. (2020) presentan el caso de *Cannabis sativa* como cultivo de alto valor, beneficiado por herramientas biotecnológicas como marcadores moleculares, análisis ómico y manipulación genética de rutas biosintéticas para terpenos y cannabinoides. Sarsaiya et al. (2024) destacan el papel de las interacciones planta-microbioma y la ingeniería de inoculantes microbianos para mejorar la absorción de nutrientes y la resiliencia a estrés, mientras Díaz et al. (2024) enfatizan la importancia de la formación profesional y la transferencia de conocimiento para impulsar sistemas de bioinnovación agrícola.

La lógica técnica es "más con menos": subir productividad y resiliencia mientras se reduce la huella ambiental. El debate se centra en la evaluación de riesgos (flujo génico, efectos ecológicos) y en la gobernanza (etiquetado, aceptación social, marcos regulatorios claros).

Ciencia ambiental y sostenibilidad

La biotecnología ambiental se centra en mitigar impactos negativos y promover prácticas industriales limpias. Straathof et al. (2019) describen el avance hacia bioprocesos "cero emisiones" mediante microorganismos robustos, modelos in silico y diseño basado en biología sintética para producción sostenible.

Eskandar (2023) y Holzinger et al. (2023) vinculan la biotecnología con soluciones para los Objetivos de Desarrollo Sostenible (ODS), incluyendo la biorremediación y el monitoreo ambiental inteligente.

En acuicultura, Mubarak-Umar y Elezuo (2024) muestran cómo las técnicas de selección genética, diagnósticos moleculares y probióticos mejoran la productividad, la salud animal y la sostenibilidad, incorporando biosensores para control ambiental y bioremediación de desechos.

La biotecnología ambiental ofrece doble dividendo: remediar daños históricos y prevenir nuevos, internalizando criterios de economía circular. El punto crítico es asegurar controles de bioseguridad, seguimiento ambiental y planes de contingencia.

Industria y biotecnología transversal

En la industria, la biotecnología se traduce en nuevos materiales, bioenergía y procesos de producción más eficientes. Vardar-Sukan y Sukan (1992) ya anticipaban el papel de la biotecnología como motor de competitividad industrial. Vdovenko (2024) y Karakhanova et al. (2024) analizan cómo la ingeniería genética, la clonación, la producción de vacunas y las regulaciones determinan el éxito de la innovación industrial.

Holzinger et al. (2023) remarcan que la integración de IA y biotecnología es ya imprescindible para la toma de decisiones y la optimización de procesos. La tendencia apunta a sistemas industriales biotecnológicos adaptativos, capaces de responder en tiempo real a variaciones en demanda y condiciones ambientales.

La competitividad de la bioeconomía no depende solo de ciencia; requiere capacidades humanas, regulación inteligente, financiamiento paciente y cadenas de suministro bio-basadas. La estandarización y el "safety-by-design" son claves para escalar con confianza.

En síntesis, la biotecnología contemporánea se proyecta como un campo en plena expansión, impulsado por la convergencia tecnológica y la colaboración interdisciplinaria. Su avance combina la capacidad de editar genes con CRISPR/Cas9, predecir con inteligencia artificial, construir con biología sintética y entregar con biomateriales innovadores. Esta integración tecnológica está transformando de manera simultánea la medicina, la agricultura, la ciencia ambiental, la industria y la educación, generando impactos que van desde la mejora de la salud humana hasta la sostenibilidad de los sistemas productivos (Kamatham et al., 2021; Sarsaiya et al., 2024; Straathof et al., 2019; Eskandar, 2023; Holzinger et al., 2023).

En el ámbito médico, la edición génica mediante CRISPR/Cas9 ha demostrado un enorme potencial para corregir mutaciones responsables de enfermedades hereditarias y para desarrollar terapias de precisión orientadas a distintos tipos de cáncer y patologías crónicas. Paralelamente, el descubrimiento de fármacos asistido por IA está reduciendo significativamente los tiempos de investigación y desarrollo, optimizando la identificación de dianas terapéuticas y aumentando las tasas de éxito en la generación de tratamientos eficaces (Holzinger et al., 2023; Prajapati et al., 2024). Asimismo, los biomateriales inteligentes han permitido diseñar vacunas personalizadas contra el cáncer que orquestan respuestas inmunes específicas, marcando un cambio sustancial en las estrategias oncológicas modernas (Fenton et al., 2018; Prajapati et al., 2024).

En agricultura, las aplicaciones biotecnológicas abarcan desde la creación de cultivos resistentes a plagas y a condiciones climáticas adversas hasta el uso de inoculantes microbianos que mejoran la absorción de nutrientes, incrementan la tolerancia al estrés y reducen el uso de insumos químicos (Sarsaiya et al., 2024; Hesami et al., 2020; Khan, 2024). La integración de herramientas de edición genética, prácticas de agricultura de precisión y manejo sostenible ha reforzado la resiliencia de los sistemas agroalimentarios frente a crisis alimentarias y climáticas. Estos avances, sumados a la incorporación de microbiomas diseñados, están sentando las bases para un modelo agrícola más eficiente, rentable y ambientalmente responsable.

En el sector industrial, los progresos en biología sintética están permitiendo el desarrollo de sistemas celulares mínimos y programables, como los investigados en el proyecto de célula sintética BaSyC, con potencial para fabricar compuestos de alto valor y optimizar procesos productivos a gran escala (Straathof et al., 2019; Eskandar, 2023). La adopción de bioprocesos "cero emisiones" y el modelado avanzado fortalecen una bioeconomía global capaz de competir en innovación y sostenibilidad. De forma complementaria, la formación en gestión de la bioinnovación, como la desarrollada en el Diplomado de Paraguay orientado a proyectos biotecnológicos, está creando capacidades estratégicas para escalar proyectos y vincular la investigación con el sector productivo, potenciando el impacto socioeconómico (Díaz et al., 2024).

En el frente ambiental, la biotecnología se consolida como herramienta clave para la restauración de ecosistemas, la remediación de suelos y aguas contaminadas y la optimización de la producción acuícola, mediante técnicas como la selección genética, la ingeniería de piensos enriquecidos y el uso de biosensores para el monitoreo en tiempo real (Mubarak-Umar & Elezuo, 2024; Eskandar, 2023). Estas soluciones se alinean con los Objetivos de Desarrollo Sostenible, contribuyendo a reducir la huella ecológica y a promover la producción limpia.

No obstante, el despliegue de estas innovaciones no está exento de retos. Persisten desafíos éticos vinculados a la manipulación genética, riesgos regulatorios derivados de marcos normativos heterogéneos y barreras en la aceptación social de ciertos productos y tecnologías (Karakhanova et al., 2024; Vdovenko, 2024; Vardar-Sukan & Sukan, 1992). Para que la biotecnología contemporánea alcance todo su potencial, resulta imprescindible fortalecer la gobernanza, garantizar la transparencia de los procesos, ampliar la educación científica y establecer marcos regulatorios que equilibren el fomento de la innovación con la protección de la salud, el ambiente y los derechos de las comunidades.

Implicaciones Éticas, Legales y Sociales de los Desarrollos Biotecnológicos Contemporáneos

La biotecnología contemporánea constituye uno de los pilares de la transformación científica y tecnológica del siglo XXI. Sus aplicaciones en la medicina, la agricultura, la biología sintética, la inteligencia artificial y la nanomedicina han abierto posibilidades inéditas para mejorar la salud, la seguridad alimentaria y el bienestar social. Sin embargo, estos desarrollos generan al mismo tiempo un entramado complejo de **implicaciones éticas, legales y sociales (ELSI)** que plantean interrogantes sobre la dignidad humana, la justicia distributiva, la bioseguridad y la gobernanza global de la innovación (Singh, Zeeshan, & Karna, 2023; Trump, Cummings, Klasa, Galaitsi, & Linkov, 2023).

El debate no se limita a los marcos normativos ni a la regulación técnica: se extiende a la **confianza pública**, la **responsabilidad social empresarial** y la necesidad de diseñar mecanismos que garanticen transparencia, participación y sostenibilidad (Ukpene, Molua, E.O., & Akporobaro, 2022). Asimismo, la **globalización de la biotecnología** ha puesto de relieve las desigualdades entre el Norte y el Sur global, evidenciando la urgencia de marcos cooperativos y estándares internacionales que armonicen intereses divergentes y protejan a las poblaciones vulnerables (Glasner & Rothman, 2001).

En este contexto, el presente trabajo tiene como propósito analizar las principales implicaciones éticas, legales y sociales de los desarrollos biotecnológicos contemporáneos, así como las respuestas que se han formulado desde la política y la práctica. El enfoque se orienta a describir y explicar los dilemas centrales, exponer las propuestas y mecanismos existentes, y argumentar en torno a sus limitaciones, con el fin de identificar la problemática de fondo y la necesidad de avanzar hacia una **gobernanza ELSI integral y coherente**.

Las dimensiones éticas de la biotecnología contemporánea

La dimensión ética de la biotecnología cuestiona directamente los límites morales de la intervención humana en la vida y la naturaleza. En este ámbito, se reconoce la importancia de garantizar un consentimiento informado libre, claro y revocable, especialmente en biobancos, edición génica y pruebas genéticas, como condición esencial para la protección de la autonomía individual. Asimismo, se plantea la necesidad de abordar la equidad y el acceso, pues los elevados costos de terapias avanzadas como la medicina personalizada tienden a favorecer únicamente a poblaciones con mayores recursos, profundizando las brechas en salud.

Frente a ello, se requieren políticas inclusivas y mecanismos de financiamiento que promuevan la justicia distributiva. Otro aspecto central es la ética ambiental, dado que la liberación de organismos genéticamente modificados o la creación de sistemas sintéticos conlleva riesgos ecológicos que deben atenderse mediante enfoques de seguridad desde el diseño, evaluaciones de impacto y principios precautorios. Del mismo modo, preocupa el doble uso y mal uso de estas tecnologías, que si bien poseen un gran potencial benéfico, pueden ser empleadas con fines nocivos, lo que exige marcos éticos y de gobernanza estrictos frente a amenazas como la biovigilancia y las armas biológicas. Finalmente, emergen debates en torno a los límites morales de la ciencia, como la creación de organismos sintéticos o la edición de embriones humanos, discusiones que requieren de foros públicos y del acompañamiento de comités de bioética para orientar las decisiones colectivas.

La ética en biotecnología aborda problemas relacionados con la autonomía, la privacidad genética, la equidad en el acceso, los riesgos de uso dual, la integridad científica y los límites morales de la intervención sobre la vida. Singh, Zeeshan y Karna (2023) destacan que el consentimiento informado y la protección de la autonomía individual constituyen pilares esenciales para resguardar la dignidad en la era biotecnológica. Estos dilemas se complejizan con la equidad en el acceso, pues el régimen de patentes puede derivar en monopolios que restringen beneficios colectivos, mientras que los organismos genéticamente modificados y la biología sintética despiertan cuestionamientos sobre el respeto a la biodiversidad y a las fronteras morales de la creación de vida.

Desde una perspectiva aplicada, Vidalis (2021) analiza cómo la inteligencia artificial en biomedicina intensifica las preocupaciones éticas debido al manejo masivo de datos en biobancos y la necesidad de garantizar un consentimiento robusto en investigación clínica. Del mismo modo, los biobancos plantean debates sobre la validez del consentimiento (específico, amplio o dinámico) y la devolución de hallazgos incidentales, lo que ha motivado propuestas prácticas como la lista de verificación de Tzortzatou-Nanopoulou et al. (2023), que busca guiar a los investigadores hacia estándares internacionales de ética y transparencia.

Los debates también se amplían hacia sectores como la biometría y la nanomedicina. Tanwar, Tyagi, Kumar y Obaidat (2018) identifican riesgos éticos relacionados con la vigilancia masiva y la posible discriminación mediante tecnologías biométricas, mientras que Wasti et al. (2023) subrayan que las innovaciones nanomédicas carecen aún de respuestas integrales a las preocupaciones éticas emergentes, exigiendo un enfoque coordinado a nivel global.

Implicaciones legales: entre la propiedad intelectual y la bioseguridad

El marco jurídico enfrenta el reto de adaptarse a la velocidad de la innovación científica y tecnológica. La regulación requiere una actualización constante tanto a nivel nacional como internacional para responder a la complejidad de terapias basadas en CRISPR, xenotrasplantes, nanomedicina y otras biotecnologías emergentes. En este escenario, la propiedad intelectual y las patentes constituyen un punto crítico, ya que reflejan la tensión entre incentivar la innovación y garantizar el acceso abierto a los beneficios sociales, lo cual demanda reformas que eviten monopolios y favorezcan la justicia en el acceso. Otro aspecto prioritario es la bioseguridad y la bioprotección, que exigen protocolos rigurosos, normas multilaterales y una estricta supervisión para garantizar la manipulación segura de organismos modificados y productos derivados de la biología sintética.

La privacidad y la protección de datos también resultan fundamentales, considerando que los avances en genómica generan un volumen sin precedentes de información personal; en este sentido, normativas como el Reglamento General de Protección de Datos (GDPR) de la Unión Europea se convierten en referentes para evitar la discriminación genética y los usos indebidos de la información. Finalmente, se requiere claridad en los mecanismos de responsabilidad y reparación frente a daños ocasionados por la biotecnología, de manera que se asegure la rendición de cuentas y la confianza pública en estas innovaciones.

En el ámbito jurídico, la biotecnología enfrenta tensiones entre la promoción de la innovación y la necesidad de salvaguardar el interés público. Singh et al. (2023) y Piddubny y Deineha (2023) muestran cómo las normas de propiedad intelectual, especialmente las patentes genéticas, generan conflictos al limitar el acceso abierto a los avances. En este marco, se ha planteado la necesidad de limitar derechos de patente en favor de la seguridad biológica y el desarrollo sostenible, incluso mediante mecanismos como la licencia obligatoria.

La bioseguridad y la bioprotección constituyen otro eje crítico. Trump, Cummings, Klasa, Galaitsi y Linkov (2023) proponen el enfoque de **"safety-by-design"**, que exige integrar medidas de seguridad y evaluación de riesgos desde el inicio del ciclo tecnológico. Esta perspectiva responde a la constatación de que fallas regulatorias previas en distintos países han generado desconfianza social, como evidencia el análisis de Nezhmetdinova, Guryleva, Sharypova, Zinurova y Tuzikov (2020) en el caso ruso, donde la débil regulación sobre organismos genéticamente modificados y el etiquetado insuficiente han socavado la protección de los consumidores.

A nivel internacional, Glasner y Rothman (2001) señalan que la globalización ha intensificado la necesidad de marcos regulatorios capaces de gestionar riesgos globales y reducir las brechas entre Norte y Sur en el acceso y la gobernanza de la genética. La ausencia de un consenso normativo global en ámbitos como la nanomedicina (Wasti et al., 2023) evidencia la falta de un norte regulatorio unificado.

Dimensiones sociales: confianza pública, cultura y responsabilidad social corporativa

La innovación biotecnológica no avanza en el vacío, sino que se desarrolla en constante interacción con los valores culturales, las percepciones sociales y las estructuras económicas. En este contexto, la percepción y la confianza pública son decisivas para la aceptación de los avances, siendo imprescindible promover la transparencia, la participación ciudadana y una comunicación clara que evite crisis de desconfianza como las que han surgido con los organismos genéticamente modificados o con ciertas vacunas. Los impactos socioeconómicos también merecen atención, pues si bien la biotecnología genera nuevas industrias y empleos, también puede desplazar formas tradicionales de subsistencia, acentuar desigualdades y transformar de manera radical los sistemas de salud y agricultura.

La diversidad cultural y religiosa añade un componente complejo, ya que la aceptación de técnicas como la terapia génica o la investigación con embriones depende de creencias profundamente arraigadas, lo cual exige políticas inclusivas y culturalmente sensibles. Finalmente, la educación y la alfabetización científica se presentan como pilares indispensables para que la ciudadanía pueda tomar decisiones informadas, participar activamente en los debates y contribuir a la legitimidad social de la biotecnología.

La dimensión social de la biotecnología se manifiesta en la percepción pública, los impactos socioeconómicos y la influencia de factores culturales y religiosos. Singh et al. (2023) destacan que los medios de comunicación moldean fuertemente la confianza ciudadana, y que la falta de educación científica limita la participación informada en debates biotecnológicos. Straughan (1991) ya advertía que la legitimidad social de la biotecnología depende de responder preguntas fundamentales como si es segura, justa y natural, así como de la transparencia en prácticas como el etiquetado de productos.

La diversidad cultural introduce resistencias, especialmente frente a intervenciones percibidas como antinaturales o contrarias a valores religiosos (Bhargava, 2006). Este mismo autor resalta que una sociedad informada constituye el único seguro contra el mal uso o explotación de las biotecnologías. En este sentido, Ogbogu y Ahmed (2022) sostienen que la investigación en ELSI debe adoptar metodologías participativas e inclusivas para incorporar perspectivas comunitarias y evitar enfoques excluyentes centrados en el Norte Global.

En el ámbito empresarial, Ukpene, Molua, E.O. y Akporobaro (2022) muestran cómo la **Responsabilidad Social Empresarial (RSE)** en compañías biotecnológicas es un mecanismo clave para integrar objetivos éticos y ambientales en la práctica, destacando iniciativas que van desde la ética en los ensayos clínicos hasta la gestión del impacto energético y ecológico de los GMOs. En línea similar, Mollaki (2024) propone la necesidad de un enfoque interdisciplinario que articule ciencia, derecho, filosofía y ciencias sociales para enfrentar integralmente los dilemas de la biotecnología.

Gobernanza y el desafío de la integralidad del ELSI

Un punto común en la literatura revisada es la urgencia de avanzar hacia un modelo de gobernanza que integre simultáneamente los aspectos éticos, legales y sociales. Singh et al. (2023) subrayan que este enfoque integral es condición necesaria para que las políticas logren equilibrar la innovación con la responsabilidad social y la integridad ética. La propuesta de "safety-by-design" (Trump et al., 2023) y las listas de verificación prácticas para biobancos (Tzortzatou-Nanopoulou et al., 2023) son ejemplos de intentos de operacionalizar esta gobernanza ELSI. Sin embargo, las lagunas regulatorias, la resistencia cultural, la inequidad en el acceso y la fragmentación institucional muestran que aún no existe un norte claro y global.

La revisión crítica de los desarrollos en biotecnología contemporánea evidencia que las implicaciones éticas, legales y sociales constituyen un campo en expansión, cuya complejidad supera los marcos regulatorios tradicionales. En el plano **ético**, persisten los dilemas sobre consentimiento informado, equidad en el acceso, privacidad genética y los límites morales de la creación de nuevas formas de vida. En lo **legal**, se observa una tensión permanente entre el incentivo a la innovación mediante patentes y la necesidad de garantizar la seguridad biológica y el interés colectivo. En lo **social**, la confianza ciudadana, las percepciones culturales y la responsabilidad empresarial marcan la diferencia entre la aceptación y el rechazo de las nuevas tecnologías.

A pesar de las iniciativas en curso —como la filosofía de *safety-by-design*, las guías de biobancos, los modelos de agrobioética o la incorporación de la RSE en el sector— aún prevalece una **fragmentación normativa y práctica** que impide un abordaje integral. Las lagunas regulatorias, la desigualdad en la distribución de beneficios, los riesgos de usos indebidos y la falta de consensos internacionales reflejan la ausencia de un horizonte común.

La problemática central radica, por tanto, en la necesidad de consolidar una **gobernanza integral del ELSI**, que sea interdisciplinaria, participativa y global. Un modelo de esta naturaleza debe priorizar la seguridad, la equidad y la sostenibilidad, garantizando que los avances biotecnológicos se orienten hacia el bienestar humano y ambiental, y no hacia la profundización de brechas sociales o el aumento de riesgos incontrolados. Solo así la biotecnología podrá cumplir su promesa transformadora con responsabilidad y justicia.

La biotecnología contemporánea ofrece beneficios extraordinarios para la salud, la agricultura y la industria, pero su acelerado desarrollo también plantea complejos desafíos éticos, legales y sociales que no pueden ignorarse. Las dimensiones ELSI —desde el consentimiento informado y la protección de datos hasta la bioseguridad y la confianza pública— constituyen aspectos ineludibles para lograr una innovación sostenible y socialmente legítima. La respuesta más adecuada requiere un enfoque multidisciplinario, adaptativo y participativo que combine marcos normativos robustos, vigilancia ética, inclusión social y cooperación internacional. Solo equilibrando innovación y responsabilidad será posible que la biotecnología despliegue plenamente su potencial, garantizando al mismo tiempo la dignidad humana, la justicia social y la protección del medio ambiente.

Conclusiones

La biotecnología se configura como un campo expansivo, multidimensional y con una doble naturaleza: constituye un motor de innovación científica y productiva y, al mismo tiempo, un espacio de dilemas ético-jurídico-sociales que condicionan su legitimidad. En el plano técnico, los desarrollos en evolución dirigida, evolución adaptativa, biología sintética y diseño de circuitos genéticos han transformado profundamente la investigación en biocatálisis, proteínas y microorganismos industriales, consolidando la biotecnología como uno de los motores principales de la bioeconomía contemporánea (Bassalo, Liu & Gill, 2016; Dragosits & Mattanovich, 2013; Reetz, 2016; Ornelas et al., 2023). Estos avances han permitido optimizar enzimas, rutas metabólicas y biomateriales con aplicaciones disruptivas en sectores tan diversos como la salud, la agricultura y la industria, ampliando el alcance del campo hacia una plataforma integradora que articula la innovación con la resolución de problemas sociales y económicos.

La transversalidad sectorial de la biotecnología se expresa en múltiples frentes: en agricultura, con la creación de cultivos resistentes, biofertilización y sistemas de producción más sostenibles (Kamatham et al., 2021; Khan, 2024); en medicina, con la incorporación de biomateriales inteligentes, terapias génicas y farmacología impulsada por inteligencia artificial (Fenton et al., 2018; Prajapati et al., 2024); en la industria, mediante la producción sostenible de biocombustibles, bioplásticos y enzimas (Straathof et al., 2019; Karakhanova et al., 2024); y en el medio ambiente, a través de la biorremediación y la acuicultura sostenible (Mubarak-Umar & Elezuo, 2024). Estos ejemplos muestran que la biotecnología se ha convertido en un catalizador central para la transición hacia una bioeconomía global capaz de enfrentar simultáneamente desafíos productivos, sociales y ambientales.

La incorporación de la inteligencia artificial y de algoritmos evolutivos marca un punto de inflexión en la forma de investigar y optimizar procesos biotecnológicos. El análisis de datos ómicos, la predicción de dianas terapéuticas y la optimización de circuitos genéticos se han acelerado de manera significativa, reduciendo tiempos y costos de investigación y aumentando la precisión en los resultados (Holzinger et al., 2023; Castillo & Coello, 2024). No obstante, esta convergencia entre biotecnología y digitalización plantea nuevos retos legales y éticos en torno a la privacidad de datos genéticos, la regulación de algoritmos aplicados a la vida y la concentración de poder tecnológico (Vidalis, 2021), lo cual requiere mecanismos de gobernanza adaptativa.

El mayor desafío, sin embargo, trasciende lo científico y se ubica en la dimensión ético-jurídico-social (ELSI). La literatura destaca tensiones relacionadas con el consentimiento informado, la privacidad genética, la equidad en el acceso a terapias avanzadas, la bioseguridad y los riesgos de doble uso de tecnologías (Ogbogu & Ahmed, 2022; Tzortzatou-Nanopoulou et al., 2023; Wasti et al., 2023). Estos debates se complejizan en contextos de globalización, donde emergen desigualdades entre países del Norte y del Sur global, y donde la aceptación cultural y la confianza social se convierten en factores decisivos (Glasner & Rothman, 2001; Bhargava, 2006; Straughan, 1991). Asimismo, los marcos regulatorios muestran limitaciones para equilibrar la promoción de la innovación con la protección de derechos fundamentales y de la seguridad pública, lo que subraya la necesidad de mecanismos como el *safety-by-design* y regulaciones de propiedad intelectual más equitativas (Trump et al., 2023; Singh, Zeeshan & Karna, 2023; Nezhmetdinova et al., 2020).

La gobernanza y la responsabilidad social empresarial emergen como condiciones necesarias para garantizar la legitimidad social de la biotecnología. Iniciativas que promueven transparencia, participación y responsabilidad corporativa contribuyen a construir confianza y a mitigar resistencias sociales, pero aún prevalecen fragmentaciones regulatorias, resistencias culturales y desigualdades en la distribución de beneficios (Ukpene et al., 2022; Mollaki, 2024). En este sentido, la biotecnología no puede reducirse a una cuestión científica: es un proceso social y político que requiere marcos de gobernanza interdisciplinarios, participativos y globales.

Finalmente, la sostenibilidad de los sistemas de bio-innovación no depende solo de las capacidades tecnológicas, sino también de la formación de capital humano y de políticas públicas que integren educación, innovación y evaluación constante de su impacto (Díaz et al., 2024; Judijanto & Auliani, 2024). Una ciudadanía científicamente alfabetizada y profesionales capacitados resultan indispensables para evitar que la biotecnología se convierta en un privilegio desconectado de las realidades sociales y culturales.

Por lo anterior, la biotecnología contemporánea se encuentra en un punto de inflexión. Sus avances técnicos en evolución dirigida, biología sintética e inteligencia artificial multiplican las oportunidades de transformación en salud, agricultura, industria y medio ambiente, pero al mismo tiempo intensifican los dilemas sobre equidad, privacidad, bioseguridad y legitimidad social. De ahí que su consolidación como motor de desarrollo sostenible y justo dependa de la construcción de un modelo de gobernanza integral, interdisciplinario y global, en el que ciencia, derecho y ética actúen de manera complementaria para asegurar que la innovación biotecnológica contribuya efectivamente al bienestar humano, la justicia social y la protección ambiental (Singh et al., 2023; Trump et al., 2023; Mollaki, 2024).

Referencias bibliográficas

Bassalo, M., Liu, R., & Gill, R. (2016). Directed evolution and synthetic biology applications to microbial systems. *Current Opinion in Biotechnology, 39*, 126–133. https://doi.org/10.1016/j.copbio.2016.03.016

Bhargava, P. (2006). The social, moral, ethical, legal and political implications of today's biological technologies: An Indian point of view. *Biotechnology Journal, 1*. https://doi.org/10.1002/BIOT.200500007

Castle, S., Stock, M., & Gorochowski, T. (2024). Engineering is evolution: A perspective on design processes to engineer biology. *Nature Communications, 15*(1), 3640. https://doi.org/10.1038/s41467-024-48000-1

Castillo, C., & Coello, C. (2024). A survey of applications of multi-objective evolutionary algorithms in biotechnology. *2024 IEEE Congress on Evolutionary Computation (CEC)*, 1–8. https://doi.org/10.1109/CEC60901.2024.10612023

Díaz, E., Quintana, S., Rojas, C., & Ríos, D. (2024). Building bio-innovation systems through advanced biotechnology education. *Frontiers in Bioengineering and Biotechnology, 12*. https://doi.org/10.3389/fbioe.2024.1415103

Dragosits, M., & Mattanovich, D. (2013). Adaptive laboratory evolution – Principles and applications for biotechnology. *Microbial Cell Factories, 12*, 64. https://doi.org/10.1186/1475-2859-12-64

Eskandar, K. (2023). Revolutionizing biotechnology and bioengineering: Unleashing the power of innovation. *Journal of Applied Biotechnology & Bioengineering*. https://doi.org/10.15406/jabb.2023.10.00332

Fenton, O., Olafson, K., Pillai, P., Mitchell, M., & Langer, R. (2018). Advances in biomaterials for drug delivery. *Advanced Materials, 30*. https://doi.org/10.1002/adma.201705328

Glasner, P., & Rothman, H. (2001). New genetics, new ethics? Globalisation and its discontents. *Health, Risk & Society, 3*, 245–259. https://doi.org/10.1080/13698570120079868

Hesami, M., Pepe, M., Alizadeh, M., Rakei, A., Baiton, A., & Jones, A. (2020). Recent advances in cannabis biotechnology. *Industrial Crops and Products, 158*, 113026. https://doi.org/10.1016/j.indcrop.2020.113026

Holzinger, A., Keiblinger, K., Holub, P., Zatloukal, K., & Müller, H. (2023). AI for life: Trends in artificial intelligence for biotechnology. *New Biotechnology*. https://doi.org/10.1016/j.nbt.2023.02.001

Judijanto, L., & Auliani, R. (2024). Bibliometric analysis of biotechnology development. *West Science Nature and Technology*. https://doi.org/10.58812/wsnt.v2i02.992

Kamatham, S., Munagapati, S., Manikanta, K., Vulchi, R., Chadipiralla, K., Indla, S., & Allam, U. (2021). Recent advances in engineering crop plants for resistance to insect pests. *Egyptian Journal of Biological Pest Control, 31*, 1–14. https://doi.org/10.1186/s41938-021-00465-8

Karakhanova, L., Makhmudova, D., Shernazarov, I., & Khujanov, E. (2024). Biotechnology breakthroughs: Shaping the future of health, agriculture, and industry. *BIO Web of Conferences*. https://doi.org/10.1051/bioconf/202414104003

Kargbo, R. (2024). Novel approaches in biotechnology: Microbial genetic modifications and metabolic disease therapies. *ACS Medicinal Chemistry Letters, 16*(1), 23–25. https://doi.org/10.1021/acsmedchemlett.4c00583

Khan, N. (2024). Unlocking innovation in crop resilience and productivity: Breakthroughs in biotechnology and sustainable farming. *Innovation Discovery*. https://doi.org/10.53964/id.2024028

Kumar, A., & Singh, S. (2013). Directed evolution: Tailoring biocatalysts for industrial applications. *Critical Reviews in Biotechnology, 33*(4), 365–378. https://doi.org/10.3109/07388551.2012.716810

Mavrommati, M., Daskalaki, A., Papanikolaou, S., & Aggelis, G. (2021). Adaptive laboratory evolution: Principles and applications in industrial biotechnology. *Biotechnology Advances*, 107795. https://doi.org/10.1016/j.biotechadv.2021.107795

Mollaki, V. (Ed.). (2024). *Biotechnology and bioethics*. MDPI. https://doi.org/10.3390/books978-3-7258-0106-0

Mubarak-Umar, B., & Elezuo, K. (2024). Review paper on recent advances of biotechnology application to aquaculture development. *International Journal of Innovative Science and Research Technology*. https://doi.org/10.38124/ijisrt/ijisrt24jun514

Nezhmetdinova, F., Guryleva, M., Sharypova, N., Zinurova, R., & Tuzikov, A. (2020). Risks of modern biotechnologies and legal aspects of their implementation in agriculture. *BIO Web of Conferences, 17*, 00227. https://doi.org/10.1051/bioconf/20201700227

Nielsen, A., Segall-Shapiro, T., & Voigt, C. (2013). Advances in genetic circuit design: Novel biochemistries, deep part mining, and precision gene expression. *Current Opinion in Chemical Biology, 17*(6), 878–892. https://doi.org/10.1016/j.cbpa.2013.10.003

Ogbogu, U., & Ahmed, N. (2022). Ethical, Legal, and Social Implications (ELSI) research: Methods and approaches. *Current Protocols, 2*. https://doi.org/10.1002/cpz1.354

Ornelas, M., Cournoyer, J., Bram, S., & Mehta, A. (2023). Evolution and synthetic biology. *Current Opinion in Microbiology, 76*, 102394. https://doi.org/10.1016/j.mib.2023.102394

Piddubny, O., & Deineha, M. (2023). Guaranteeing biological safety as a basis for limiting the patent-protected rights of intellectual property subjects. *Law. Human. Environment*. https://doi.org/10.31548/law/1.2023.77

Prajapati, R., Bhushan, B., Singh, K., Chopra, H., Kumar, S., Agrawal, M., Pathak, D., Chanchal, D., & L., L. (2024). Recent advances in pharmaceutical design: Unleashing the potential of novel therapeutics. *Current Pharmaceutical Biotechnology*. https://doi.org/10.2174/0113892010275850240102105033

Ranjha, M., Shafique, B., Khalid, W., Nadeem, H., Mueen-Ud-Din, G., & Khalid, M. (2022). Applications of biotechnology in food and agriculture: A mini-review. *Proceedings of the National Academy of Sciences, India Section B: Biological Sciences, 92*(1), 11–15. https://doi.org/10.1007/s40011-021-01320-4

Sarsaiya, S., Yadav, A., Tiwari, P., & Singh, R. (2024). Editorial: Futuristic plant microbes biotechnology and bioengineering. *Frontiers in Microbiology, 15*. https://doi.org/10.3389/fmicb.2024.1514583

Singh, K., Zeeshan, Z., & Karna, S. (2023). The regulation of biotechnology: Ethical, legal, and social implications. *Interdisciplinary Studies in Society, Law, and Politics*. https://doi.org/10.61838/kman.isslp.2.3.6

Straathof, A., Wahl, S., Benjamin, K., Takors, R., Wierckx, N., & Noorman, H. (2019). Grand research challenges for sustainable industrial biotechnology. *Trends in Biotechnology*. https://doi.org/10.1016/j.tibtech.2019.04.002

Straughan, R. (1991). Social and ethical issues surrounding biotechnological advance. *Outlook on Agriculture, 20*, 89–94. https://doi.org/10.1177/003072709102000206

Reetz, M. (2016). *Directed evolution of selective enzymes: Catalysts for organic chemistry and biotechnology*. https://doi.org/10.1002/9783527655465

Tanwar, S., Tyagi, S., Kumar, N., & Obaidat, M. (2018). Ethical, legal, and social implications of biometric technologies. In *Biometric-Based Physical and Cybersecurity Systems*. https://doi.org/10.1007/978-3-319-98734-7_21

Trump, B., Cummings, C., Klasa, K., Galaitsi, S., & Linkov, I. **(2023).** Governing biotechnology to provide safety and security and address ethical, legal, and social implications. *Frontiers in Genetics, 13*. https://doi.org/10.3389/fgene.2022.1052371

Tzortzatou-Nanopoulou, O., Akyüz, K., Goisauf, M., Kozera, Ł., Mezinska, S., Mayrhofer, M., Slokenberga, S., Reichel, J., Croxton, T., Ziaka, A., & Makri, M**.** (2023). Ethical, legal, and social implications in research biobanking: A checklist for navigating complexity. *Developing World Bioethics*. https://doi.org/10.1111/dewb.12411

Ukpene, A., Molua, O., E. O., O., & Akporobaro, A. (2022). Corporate social responsibility in biotechnology companies: Ethical, environmental and physical implications. *Journal of Social Responsibility, Tourism and Hospitality*. https://doi.org/10.55529/jsrth.21.26.36

Van Der Oost, J. (2021). Domestication of proteins – From evolution to revolution. *Microbial Biotechnology, 15*(1), 189–190. https://doi.org/10.1111/1751-7915.13987

Vardar-Sukan, F., & Sukan, Ş. (1992). *Recent advances in biotechnology*. https://doi.org/10.1007/978-94-011-2468-3

Vidalis, T. (2021). Artificial intelligence in biomedicine: A legal insight. *BioTech, 10*(3), 15. https://doi.org/10.3390/biotech10030015

Vdovenko, V. (2024). Innovative biotechnology: New research in the industry. *Collection of Scientific Papers*. https://doi.org/10.23947/interagro.2024.420-423

Wasti, S., Lee, I., Kim, S., Lee, J., & Kim, H. (2023). Ethical and legal challenges in nanomedical innovations: A scoping review. *Frontiers in Genetics, 14*. https://doi.org/10.3389/fgene.2023.1163392

Zhu, Z., Zhang, J., Ji, X., Fang, Z., Wu, Z., Chen, J., & Du, G. (2018). Evolutionary engineering of industrial microorganisms—Strategies and applications. *Applied Microbiology and Biotechnology, 102*(11), 4615–4627. https://doi.org/10.1007/s00253-018-8937-1

Capítulo 2: Bioderecho Contemporáneo

Introducción

El bioderecho contemporáneo ha emergido en las últimas décadas como una disciplina autónoma dentro del derecho, cuya misión principal es ofrecer respuestas normativas a los dilemas inéditos que plantean la biomedicina y la biotecnología. Su origen se vincula estrechamente con la bioética, pero a diferencia de esta, no se limita a la deliberación moral, sino que configura un marco jurídico con epistemología y metodología propias, dotado de fuerza vinculante y sanción institucional (Valdés, 2019, 2021a, 2021d).

Este capítulo explora la evolución del bioderecho desde su génesis en los códigos y declaraciones internacionales de posguerra, pasando por la institucionalización de la bioética en Estados Unidos y Europa, hasta su consolidación en el siglo XXI como rama autónoma del derecho. A partir de hitos como el Código de Núremberg (1947), **el** Informe Belmont (1978), la obra de Beauchamp y Childress (1979) **y el** Proyecto BIOMED II (1995–1998), se muestra cómo el bioderecho pasó de ser un correlato normativo de la bioética a convertirse en un modelo integral de regulación social (Rendtorff, 2002; Kemp, 2019).

Asimismo, se analizan los principios rectores que han delineado su desarrollo, en particular la autonomía, la dignidad, la integridad y la vulnerabilidad, los cuales, si bien surgieron como guías éticas, han transitado hacia su juridificación como principios jurídicos vinculantes (Rendtorff, 2002; Valdés, 2021b). Esta transformación responde a la urgencia de regular prácticas científicas de alto impacto, tales como la reproducción asistida, la edición genómica y la biología sintética, en consonancia con la protección de derechos fundamentales y la justicia social (Mokhov, 2021; Umnova-Konyukhova & Aleshkova, 2021).

De manera complementaria, se examina la autonomía disciplinar del bioderecho, que lo distingue tanto del derecho médico como de la bioética aplicada. Autores como Casabona y Malanda (2019) subrayan que este campo genera un objeto propio –el hecho bioético-jurídico– que demanda soluciones normativas inéditas. En esta línea, se profundiza en sus principales ámbitos de aplicación, entre los que destacan la regulación de la reproducción humana, la protección de datos genómicos, la bioseguridad frente a tecnologías de doble uso, la justicia penal internacional y la educación jurídica (Bilkey et al., 2019; Fournet & Matwijkiw, 2020; Del Río, González, & Sánchez, 2024).

Finalmente, se presentan los retos ético-jurídicos actuales, entre ellos la tensión entre autonomía y dignidad, los riesgos de deshumanización, el desfase entre ciencia y derecho, la insuficiencia de la gobernanza internacional y la protección de los datos genómicos (Kalafati, 2023; Umnova-Konyukhova & Aleshkova, 2022). A partir de este panorama, el capítulo propone una lectura del bioderecho como disciplina normativa indispensable para equilibrar el dinamismo de la innovación biotecnológica con la salvaguarda de la dignidad humana, la justicia y la sostenibilidad (Have & Neves, 2021; Popov, 2021).

Bioderecho: De la Bioética a la Autonomía Jurídica

El desarrollo acelerado de la biomedicina y de la biotecnología ha transformado de manera radical la manera en que las sociedades contemporáneas conciben la vida, la salud y la relación del ser humano con su entorno. Estos avances, aunque han permitido un progreso sin precedentes, también han generado dilemas éticos y conflictos jurídicos inéditos que exigen respuestas normativas claras y coherentes. En este contexto surge el bioderecho, también denominado *biolaw*, como una disciplina jurídica emergente que se articula a partir de la bioética pero que se diferencia de ella al configurarse como un campo autónomo con una epistemología y metodología propias. Su propósito central es establecer límites, garantizar derechos y ofrecer marcos regulatorios que orienten el uso responsable de las ciencias de la vida y de la salud.

El texto que se presenta a continuación aborda la evolución histórica del bioderecho, desde sus raíces en los códigos y declaraciones internacionales de posguerra hasta su consolidación como rama autónoma del derecho en el siglo XXI. Asimismo, se examinan sus principales definiciones, principios rectores y aportes doctrinales, destacando cómo esta disciplina ha pasado de ser un correlato normativo de la bioética a una herramienta integral de regulación social frente a los retos de la innovación biotecnológica. Se trata, en suma, de un recorrido que permite comprender el porqué de su surgimiento, los temas que regula, sus hitos más importantes y su proyección contemporánea como respuesta necesaria a los desafíos éticos, jurídicos y sociales de la ciencia y la tecnología actuales.

El bioderecho, también denominado *biolaw*, se ha consolidado en las últimas décadas como una disciplina jurídica emergente cuya finalidad es responder normativamente a los desafíos que generan la biomedicina y la biotecnología. Aunque su desarrollo se vincula estrechamente con la bioética, no puede ser reducido a esta última, pues constituye una rama del derecho con autonomía epistemológica, metodológica y normativa (Valdés, 2019, 2021a, 2021d). Su objeto de estudio es amplio: desde los dilemas sobre el inicio y el fin de la vida, hasta la regulación de tecnologías genéticas, la protección de la dignidad humana, el reconocimiento de bioderechos y la definición de principios rectores aplicables en contextos globales y locales. Esta disciplina encuentra sus raíces en la reflexión bioética posterior a la Segunda Guerra Mundial, en los procesos de institucionalización jurídica europeos y en la necesidad de dar respuesta a los dilemas inéditos planteados por los avances científicos. El presente texto explora qué es el bioderecho, por qué surge, qué temas regula, cuáles son sus principales hitos históricos y de qué manera se han formulado sus principios rectores.

El bioderecho ha sido definido de múltiples formas a lo largo de su corta historia. Una concepción inicial lo entendía como un correlato normativo de la bioética, es decir, como la traducción de las deliberaciones morales a normas jurídicas. Sin embargo, esta visión ha sido criticada por reducir su alcance y naturalizar categorías bioéticas que resultan anacrónicas frente a las transformaciones de la biomedicina contemporánea (Valdés, 2021d). En contraste, propuestas recientes destacan su carácter como nueva epistemología jurídica, un modelo deliberativo distinto del derecho tradicional y de la bioética, capaz de ofrecer marcos interpretativos y decisionales más acordes con los conflictos actuales (Valdés, 2019, 2021a). En este sentido, el bioderecho no solo regula prácticas biomédicas, sino que contribuye a la constitucionalización de nuevos derechos subjetivos y al fortalecimiento de la justicia en la resolución de disputas biojurídicas.

La emergencia del bioderecho está íntimamente ligada a la historia de la bioética. Tras los abusos cometidos en la investigación médica durante la primera mitad del siglo XX, se gestaron textos internacionales fundamentales como el Código de Núremberg (1947) y el Informe Belmont (1978), que establecieron principios éticos para la investigación con seres humanos. Estos documentos, junto con la obra *Principles of Biomedical Ethics* de Beauchamp y Childress, cimentaron la bioética estadounidense, la cual influyó en el surgimiento de un bioderecho europeo enfocado en principios como autonomía, dignidad, integridad y vulnerabilidad (Valdés, 2021c; Rendtorff, 2002). En Europa, organismos como el Consejo de Europa buscaron generar marcos regulatorios que respondieran a las demandas de la biomedicina, armonizando políticas y estableciendo principios fundantes para un bioderecho comunitario (Kemp, 2019).

La evolución del bioderecho también ha estado marcada por la reflexión crítica sobre sus fundamentos y límites. Autores latinoamericanos han destacado que este surge como mediador entre los dilemas bioéticos y la necesidad de normas jurídicas, pero no debe confundirse la deliberación ética con la legislación, pues la primera es un paso previo indispensable para la segunda (Araujo-Cuauro, 2019). En el caso colombiano, se ha planteado que el bioderecho constituye la respuesta jurídica frente a un tecnocientificismo que amenaza la humanidad, siendo además el aliado más cercano de la bioética (Mazo Álvarez, 2014). Esta perspectiva latinoamericana resalta el bioderecho como herramienta jurídica frente a problemas que trascienden lo técnico, involucrando cuestiones fundamentales de la humanidad y del medio ambiente.

En paralelo, desde una óptica global, se ha definido el bioderecho como la legislación que abarca todas las fases del uso de biotecnologías, desde el diseño de proyectos hasta los impactos futuros sobre individuos, sociedades y el planeta (Have & Neves, 2021). Esta amplitud explica por qué el bioderecho se expande a campos como la genética, la neurociencia, la biología sintética, el derecho ambiental y el derecho de la biodiversidad, constituyéndose en una disciplina con una "doble faz": tanto el derecho de la biología como la biología del derecho (Torrance, 2010).

El desarrollo del bioderecho también ha generado debates sobre su fundamentación epistemológica. Se ha planteado la necesidad de superar reduccionismos materialistas y fisicalistas, reconociendo la intencionalidad y la interpretación de la conducta humana como aspectos esenciales para comprender los bienes jurídicos en juego (Castaño Bedoya, 2019). Asimismo, se ha resaltado el giro biopolítico del derecho, por el cual la biopolítica transforma los modelos institucionales tradicionales y produce un bioderecho como sistema flexible de regulación de la vida social, tendiente a un modelo basado en el orden natural (Popov, 2021).

Los principios rectores del bioderecho han sido delineados especialmente desde la experiencia europea. El proyecto BIOMED II y la Declaración de Barcelona destacaron la autonomía, la dignidad, la integridad y la vulnerabilidad como valores fundamentales para la bioética y el bioderecho europeos, entendidos como guías culturales y no como verdades universales (Rendtorff, 2002). Posteriormente, se planteó la posibilidad de su juridificación, es decir, su incorporación efectiva como principios jurídicos vinculantes, y se propuso un marco principialista de carácter consecuencialista que prioriza los resultados de las acciones y no únicamente sus intenciones (Valdés, 2021b). De manera complementaria, se ha discutido el desarrollo de los llamados bioderechos, esto es, derechos de nueva generación ligados al cuerpo humano y a la biotaxonomía, en diálogo estrecho con los principios de la bioética (Umnova-Konyukhova & Aleshkova, 2022).

En cuanto a los hitos históricos, puede afirmarse que la línea temporal del bioderecho inicia con los instrumentos internacionales posteriores a la Segunda Guerra Mundial, pasa por la institucionalización de la bioética en Estados Unidos en los años setenta, la construcción de un marco europeo de bioderecho en los noventa con el Consejo de Europa y el proyecto BIOMED II, y se consolida en el siglo XXI como una rama autónoma del derecho con creciente proyección académica y práctica. Autores como Valdés (2019, 2021a, 2021d) han destacado que este proceso ha supuesto superar concepciones ancladas en la bioética clínica para formular un derecho que responde a los conflictos propios de la biomedicina y de las biotecnologías contemporáneas.

El bioderecho no surgió de manera inmediata, sino como resultado de un proceso evolutivo que atraviesa distintas etapas históricas. Desde los primeros instrumentos internacionales en la posguerra que marcaron las bases de la bioética, pasando por la institucionalización de principios en Estados Unidos y Europa, hasta llegar a su consolidación como rama autónoma del derecho en el siglo XXI, el bioderecho refleja una respuesta progresiva frente a los retos científicos y tecnológicos. La siguiente tabla organiza este recorrido en forma de línea de tiempo, señalando las edades, los años y los hitos más relevantes en su desarrollo.

Tabla 1 Línea de Tiempo del Bioderecho: Orígenes, Evolución y Consolidación

Edad / Etapa	*Años clave*	*Información relevante*
Edad fundacional – Posguerra y orígenes bioéticos	1947 – 1978	El **Código de Núremberg (1947)** sienta principios sobre experimentación en seres humanos. El **Informe Belmont (1978)** establece principios éticos para la investigación biomédica. Estas bases alimentan el surgimiento de la **bioética estadounidense** como disciplina normativa (Valdés, 2021c).
Edad de institucionalización bioética y transición hacia lo jurídico	Décadas de 1970–1980	Publicación de *Principles of Biomedical Ethics* de Beauchamp y Childress (1979), que impulsa el principialismo en bioética. Surge la influencia sobre marcos normativos europeos y se preparan los cimientos de un bioderecho comunitario (Valdés, 2021c; Rendtorff, 2002).
Edad europea del bioderecho	Décadas de 1990–2000	El **Consejo de Europa** comienza a armonizar normas sobre prácticas biomédicas (Kemp, 2019). El **proyecto BIOMED II (1995–1998)** identifica los principios de autonomía, dignidad, integridad y vulnerabilidad como ejes de la bioética y el bioderecho europeos. La **Declaración de Barcelona (1998)** consolida un marco común (Rendtorff, 2002).

Edad de consolidación académica y expansión conceptual	2000–2010	Crece el debate sobre la autonomía del bioderecho frente a la bioética. Se destaca la doble faz del *biolaw* como derecho de la biología y biología del derecho (Torrance, 2010). Se empiezan a discutir **bioderechos** como derechos de nueva generación (Umnova-Konyukhova & Aleshkova, 2022).
Edad contemporánea del bioderecho	2010–2022	Valdés (2019, 2021a, 2021b, 2021d) propone nuevas concepciones del bioderecho: como rama autónoma, como epistemología jurídica distinta y como marco para la juridificación de principios. Popov (2021) analiza el **giro biopolítico**, y Have & Neves (2021) lo definen como legislación que regula todas las fases de la biotecnología. En América Latina, Araujo-Cuauro (2019) y Mazo (2014) lo presentan como respuesta a dilemas biomédicos y tecnocientíficos en contextos sociales concretos.

Fuente: Elaboración propia con base en Valdés (2019, 2021a, 2021b, 2021c, 2021d), Rendtorff (2002), Kemp (2019), Araujo-Cuauro (2019), Mazo (2014), Torrance (2010), Have & Neves (2021), Popov (2021), Umnova-Konyukhova & Aleshkova (2022).

El bioderecho constituye una disciplina jurídica emergente y autónoma que ha evolucionado desde la reflexión bioética de mediados del siglo XX hasta configurarse como un nuevo modelo jurídico en el siglo XXI. Sus principales definiciones lo presentan como una rama del derecho con epistemología propia, capaz de responder a los dilemas de las ciencias de la vida y de la salud, ampliando la esfera de protección de los derechos fundamentales. Sus orígenes históricos se encuentran en los códigos y declaraciones internacionales posteriores a la Segunda Guerra Mundial, en la consolidación de la bioética estadounidense y en la construcción de marcos regulatorios europeos que integraron principios ético-jurídicos. La línea de tiempo muestra hitos como el Código de Núremberg, el Informe Belmont, la obra de Beauchamp y Childress, el proyecto BIOMED II y la Declaración de Barcelona, así como las propuestas recientes de juridificación de principios y reconocimiento de bioderechos. Los principios rectores, especialmente la autonomía, dignidad, integridad y vulnerabilidad, reflejan la interacción entre ética, derecho y cultura, y han evolucionado hacia esquemas más jurídicamente vinculantes. Así, el bioderecho representa una respuesta compleja, flexible y necesaria frente a los avances biotecnológicos que transforman la sociedad contemporánea, asegurando que la innovación científica se mantenga dentro de límites éticos y jurídicos que garanticen justicia, dignidad y respeto a la humanidad.

En conclusión, el bioderecho ha dejado de concebirse únicamente como un apéndice de la bioética para configurarse como un campo autónomo con densidad teórica y práctica. Valdés (2019, 2021a, 2021b, 2021d) muestra que el bioderecho no solo debe comprenderse como un conjunto de normas aplicadas a cuestiones biomédicas, sino como una epistemología jurídica distinta, capaz de generar categorías propias, introducir nuevos modelos de razonamiento normativo y garantizar la juridificación de principios que tradicionalmente pertenecían a la bioética. En este sentido, el bioderecho se convierte en un espacio donde la dogmática jurídica se renueva, incorporando tanto el análisis consecuencialista como la constitucionalización de derechos de nueva generación, lo cual refuerza su rol como una rama plena del derecho contemporáneo.

A este proceso se suma la mirada de Popov (2021), quien interpreta el surgimiento del bioderecho desde el prisma del giro biopolítico. En su análisis, las formas modernas de regulación social se han desplazado de modelos políticos clásicos hacia una gestión de la vida misma, donde el bioderecho opera como una herramienta flexible de control y organización de los procesos vitales en el marco del biopoder. Esta dimensión revela que el bioderecho no es solo un producto académico o dogmático, sino una respuesta estructural a transformaciones políticas profundas en la manera de gobernar poblaciones y cuerpos.

De forma complementaria, Have y Neves (2021) aportan una definición práctica que enfatiza la amplitud regulatoria del bioderecho: su capacidad de abarcar todas las fases del desarrollo y uso de biotecnologías, desde la investigación inicial hasta los impactos futuros en el ser humano, la sociedad y el planeta. Esta concepción amplia permite comprender el bioderecho como un campo integral, que no se limita a la dimensión clínica, sino que abarca problemáticas ambientales, sociales y globales.

Finalmente, las contribuciones latinoamericanas enriquecen este panorama al subrayar el carácter situado y social del bioderecho. Araujo-Cuauro (2019) lo presenta como un mediador normativo frente a dilemas biomédicos que requieren pasar por la deliberación ética antes de traducirse en regulación, mientras que Mazo (2014) destaca su papel en contextos como el colombiano, donde el bioderecho se convierte en una respuesta jurídica frente al tecnocientificismo que amenaza tanto la dignidad humana como el equilibrio ambiental. Estas visiones demuestran que el bioderecho no se desarrolla en abstracto, sino que se adapta a los desafíos concretos de las sociedades contemporáneas, reforzando su carácter dinámico y plural.

En conjunto, estas perspectivas convergen en mostrar al bioderecho como una disciplina heterogénea, crítica y transformadora, que aúna dimensiones filosóficas, jurídicas, políticas y sociales, y cuyo objetivo central es garantizar que los avances científicos y tecnológicos se desarrollen bajo parámetros de justicia, equidad y respeto a la condición humana.

Autonomía disciplinar del Bioderecho frente a la Biotecnología

El vertiginoso desarrollo de la biotecnología contemporánea ha generado dilemas inéditos que trascienden el ámbito de la bioética y requieren marcos jurídicos específicos para garantizar derechos fundamentales y salvaguardar la dignidad humana. En este contexto, el Bioderecho o *Biolaw* emerge como una disciplina jurídica autónoma, concebida para regular las múltiples dimensiones de la vida humana, animal y ambiental alteradas por la innovación científica (Álvarez & Mauricio, 2014; Araujo-Cuauro, 2019; Rivabem, 2017). Desde la década de 1990, autores como Casabona y Malanda (2019) y Have y Neves (2021) subrayan la necesidad de consolidar el bioderecho como un campo independiente, con principios, objetos y metodologías propios, distinto del derecho médico o sanitario.

La literatura especializada demuestra que el bioderecho no puede reducirse a una traducción normativa de la bioética, sino que constituye un puente normativo autónomo entre los avances biotecnológicos y la protección de los derechos humanos (Umnova-Konyukhova & Aleshkova, 2021, 2022). Su objeto abarca desde la regulación de la manipulación genética y la reproducción asistida, hasta la protección de datos genómicos y la gestión de riesgos asociados al doble uso de la biología sintética (Mokhov, 2021; Bilkey et al., 2019). Asimismo, en la esfera internacional, se plantean propuestas innovadoras como el Derecho Penal Internacional Biológico, que busca sancionar crímenes contra la vida y la integridad cometidos mediante prácticas biomédicas ilícitas (Fournet & Matwijkiw, 2020).

Con base en el estudio de aportes académicos recientes (Álvarez & Mauricio, 2014; Araujo-Cuauro, 2019; Bilkey et al., 2019; Casabona & Malanda, 2019; Del Río et al., 2024; Fournet & Matwijkiw, 2020; Have & Neves, 2021; Kalafati, 2023; Mokhov, 2021; Mokhov et al., 2021; Rivabem, 2017; Umnova-Konyukhova & Aleshkova, 2021, 2022), este apartado explora los principales ámbitos de aplicación del bioderecho en la biotecnología contemporánea, así como los retos ético-jurídicos que enfrenta, resaltando su autonomía disciplinar y su rol imprescindible en la gobernanza del progreso científico.

Autonomía disciplinar del bioderecho

La consolidación del bioderecho como disciplina autónoma obedece a una necesidad estructural dentro de los ordenamientos jurídicos contemporáneos. La rapidez con que avanzan las biotecnologías ha creado un desfase evidente entre la práctica científica y la capacidad de respuesta de los marcos normativos tradicionales (Mokhov, 2021). El derecho médico, históricamente centrado en la relación profesional de la salud–paciente y en la responsabilidad por la praxis clínica, resulta insuficiente para regular fenómenos como la edición génica, la biología sintética o la manipulación de datos genómicos, que exceden el ámbito asistencial y repercuten directamente en la definición misma de lo humano y lo social (Rivabem, 2017).

Por su parte, aunque la bioética ha sido clave para introducir criterios axiológicos de justicia, dignidad, autonomía y beneficencia, su naturaleza normativa es limitada: sus principios carecen de la fuerza vinculante propia del derecho positivo. El bioderecho, en contraste, traduce la reflexión ética en normas jurídicas obligatorias, dotadas de sanción y eficacia institucional (Álvarez & Mauricio, 2014; Araujo-Cuauro, 2019). Esta capacidad normativa le otorga una función mediadora decisiva: articular la innovación científica con la preservación de los derechos fundamentales y la seguridad de las generaciones presentes y futuras.

La justificación de su autonomía disciplinar se refuerza en tres niveles:

1. *Epistemológico.* El bioderecho no constituye una mera derivación del derecho médico ni de la bioética aplicada, sino que genera un objeto de estudio propio: el hecho bioético-jurídico, entendido como toda situación en que la intervención científica sobre lo vivo exige traducción normativa (Casabona & Malanda, 2019). En este sentido, no puede reducirse a un "apéndice" de ramas preexistentes, sino que se proyecta como un derecho de nueva generación, con principios, metodología y dogmática específicas (Umnova-Koniukhova & Aleshkova, 2021, 2022).
2. *Teleológico.* Su finalidad no es únicamente resolver conflictos puntuales de la práctica médica, sino garantizar que los avances biotecnológicos —como la clonación, la reproducción asistida o la edición genómica— se desarrollen bajo condiciones que respeten la dignidad humana, los derechos fundamentales y la equidad social. Ello lo distingue del derecho sanitario, cuyo propósito principal es la organización de sistemas de salud y la prevención de riesgos colectivos, pero no necesariamente la regulación ontológica de la vida y sus límites.
3. *Histórico-práctico.* La jurisprudencia internacional, en especial la del Tribunal Europeo de Derechos Humanos, evidencia cómo la noción de bioderecho se ha

utilizado para fundamentar decisiones sobre aborto, eutanasia, reproducción asistida y derechos del embrión (Kalafati, 2023). Esta práctica judicial demuestra que la realidad biotecnológica actual exige un campo jurídico especializado que trascienda los marcos normativos sectoriales y que cuente con la solidez teórica para dar respuestas a conflictos inéditos.

Así las cosas, el bioderecho debe afirmarse como una rama independiente del derecho porque opera sobre un objeto novedoso, cumple finalidades que no pueden satisfacerse con los instrumentos tradicionales y responde a exigencias sociales y jurídicas emergentes. Su autonomía disciplinar no es un lujo académico, sino una condición indispensable para enfrentar, con coherencia normativa y fuerza vinculante, los desafíos éticos, legales y sociales que la biotecnología plantea en el siglo XXI.

Principales ámbitos de aplicación del bioderecho

El bioderecho, como disciplina jurídica de nueva generación, encuentra su razón de ser en la necesidad de regular las áreas más sensibles y complejas de la biotecnología contemporánea. La expansión de las ciencias de la vida, desde la reproducción asistida hasta la biología sintética, ha puesto en tensión principios fundamentales como la dignidad humana, la autonomía individual, la justicia social y la protección de las generaciones futuras. Ante esta realidad, el bioderecho no se limita a ser un mero complemento de la bioética, sino que se erige como el marco normativo indispensable para dar **seguridad jurídica** y garantizar que los avances científicos se desarrollen en armonía con los derechos fundamentales (Álvarez & Mauricio, 2014; Araujo-Cuauro, 2019; Rivabem, 2017). En este contexto, se identifican diversos **ámbitos de aplicación** que configuran el núcleo de la disciplina y que reflejan los desafíos actuales en la interfaz entre biotecnología, derecho y sociedad.

a) **Reproducción humana y embriología jurídica.** El estatuto jurídico del embrión, el inicio de la vida y los conflictos entre la autonomía de la mujer y el derecho a la vida del nasciturus han sido ejes centrales en la jurisprudencia del Tribunal Europeo de Derechos Humanos (Kalafati, 2023). Tecnologías como la reproducción asistida, el diagnóstico prenatal y la edición genómica de embriones plantean dilemas de gran envergadura. El bioderecho ofrece marcos normativos que delimitan el uso de embriones en investigación y fijan garantías frente a la manipulación genética (Have & Neves, 2021).
b) **Identidad genética y protección de datos.** La expansión de la genómica clínica y la medicina personalizada coloca en el centro la protección de los datos

genómicos, de carácter sensible, permanente y con implicaciones familiares (Bilkey et al., 2019). El bioderecho exige **modelos de consentimiento informado dinámico**, gobernanza de datos y representatividad étnica en los estudios, lo que supone un reto jurídico para equilibrar el derecho a la intimidad con el interés científico.

c) **Bioseguridad y tecnologías de doble uso.** El desarrollo de la biología sintética, la inteligencia artificial aplicada a la biomedicina y los riesgos de biotecnologías con fines bélicos o de bioterrorismo demandan controles estrictos. Mokhov et al. (2021) y Mokhov (2021) plantean que el bioderecho debe consolidarse como un sistema suprasectorial que articule bioética, biopolítica y bioeconomía, generando regulaciones que garanticen **biosanidad, seguridad biológica y sostenibilidad económica**.

d) **Bioderecho internacional y justicia penal.** La dimensión internacional del bioderecho se proyecta en propuestas como el **Derecho Penal Internacional Biológico**, que busca tipificar crímenes cometidos mediante biotecnologías sin marco legal claro, inspirándose en precedentes como los juicios de Núremberg (Fournet & Matwijkiw, 2020). Esta línea apunta a fortalecer la **responsabilidad penal internacional** frente a prácticas médicas o experimentales que atenten contra la dignidad humana.

e) **Educación y formación profesional.** Del Río, González y Sánchez (2024) resaltan la importancia de incorporar la bioética y el bioderecho en la formación de abogados, para dotarlos de competencias críticas ante dilemas como la clonación, la eutanasia o la manipulación genética. El bioderecho, en tanto disciplina autónoma, demanda programas pedagógicos que integren teoría, jurisprudencia y práctica profesional.

La identificación de estos ámbitos de aplicación permite comprender que el bioderecho no es una disciplina residual, sino un espacio normativo transversal y estratégico, indispensable para enfrentar los retos de la biotecnología contemporánea. Su campo de acción se despliega desde la defensa de la vida en su inicio hasta la protección de datos genómicos y la prevención de amenazas globales derivadas de tecnologías de doble uso. Además, al proyectarse en la esfera internacional y en la formación académica de las nuevas generaciones, el bioderecho fortalece la capacidad de las sociedades para responder de manera ética, justa y jurídicamente vinculante a los dilemas de la ciencia moderna. En consecuencia, los ámbitos de aplicación aquí expuestos no solo justifican su autonomía disciplinar, sino que revelan su papel imprescindible como garante de equilibrio entre innovación biotecnológica y derechos fundamentales en el siglo XXI.

Retos ético-jurídicos actuales

El bioderecho enfrenta en la actualidad un conjunto de desafíos ético-jurídicos que ponen a prueba su capacidad de respuesta como disciplina autónoma. En primer lugar, se evidencia la tensión permanente entre autonomía individual y dignidad humana. La libertad de decidir sobre el propio cuerpo, expresada en debates sobre aborto, eutanasia o reproducción asistida, entra en colisión con la obligación del Estado de proteger la vida desde la concepción y de garantizar un marco de respeto a la dignidad de todo ser humano (Kalafati, 2023). Este conflicto obliga a establecer parámetros normativos que no desconozcan los derechos reproductivos y de autodeterminación, pero que al mismo tiempo aseguren la protección de bienes jurídicos superiores vinculados a la existencia y a la integridad de la persona.

En segundo lugar, la posibilidad de que las biotecnologías transformen la esencia biológica del ser humano plantea riesgos de deshumanización. La edición genética, la clonación o la biología sintética no son únicamente innovaciones técnicas, sino intervenciones que podrían alterar lo que significa ser humano. Ante esta realidad, el bioderecho debe establecer límites jurídicos claros que preserven la identidad y la dignidad, evitando que la innovación se convierta en una amenaza para la condición humana (Umnova-Konyukhova & Aleshkova, 2021).

Un tercer reto consiste en el desfase estructural entre ciencia y derecho. El ritmo acelerado de los descubrimientos biotecnológicos supera la capacidad de reacción de los marcos normativos tradicionales, generando vacíos, contradicciones e inseguridad jurídica. Este retraso no solo debilita la eficacia de la regulación, sino que también deja sin protección a individuos y colectivos frente a prácticas que, aunque científicamente viables, carecen de un marco legal adecuado (Mokhov, 2021).

A lo anterior se suma la insuficiencia de la gobernanza internacional. La ausencia de tratados universales específicos sobre biotecnologías y crímenes biomédicos evidencia un vacío normativo que limita la eficacia de la regulación global. La propuesta de un Derecho Penal Internacional Biológico busca superar esta deficiencia, articulando principios de dignidad y responsabilidad que impidan la impunidad frente a crímenes vinculados a la biomedicina (Fournet & Matwijkiw, 2020). Sin embargo, mientras no se consoliden instrumentos internacionales vinculantes, el riesgo de asimetrías regulatorias entre Estados seguirá siendo alto.

Finalmente, la protección de los datos genómicos constituye uno de los retos más delicados y urgentes. La genómica clínica y la medicina personalizada exigen modelos de consentimiento informado dinámico y procedimientos de gobernanza que garanticen la confidencialidad, la posibilidad de reanálisis y la equidad en el acceso a los beneficios de la investigación. No obstante, persisten tensiones entre el interés científico y el derecho a la intimidad, así como desigualdades en la inclusión de poblaciones diversas en los estudios (Bilkey et al., 2019).

El bioderecho se configura como un derecho de nueva generación, autónomo frente a la bioética y al derecho médico, con la misión de garantizar la dignidad humana y los derechos fundamentales en un contexto marcado por la biotecnología contemporánea. Sus ámbitos de aplicación incluyen la regulación de la reproducción asistida y el estatuto jurídico del embrión, la protección de datos genómicos, la gestión de riesgos asociados a biotecnologías de doble uso, la consolidación de estándares internacionales de responsabilidad penal y la formación de profesionales capaces de afrontar dilemas emergentes.

Los retos ético-jurídicos que enfrenta son significativos: la necesidad de equilibrar autonomía y dignidad, la urgencia de superar el desfase entre ciencia y derecho, el fortalecimiento de la gobernanza internacional, y la creación de modelos de consentimiento y protección de datos adaptados a las exigencias de la genómica.

En definitiva, el bioderecho no es un mero apéndice de la bioética, sino un campo normativo autónomo, interdisciplinar y dinámico, cuya función es mediar entre el progreso científico y la preservación de la humanidad y la vida en todas sus formas. Su consolidación resulta indispensable para asegurar que la biotecnología se desarrolle dentro de un marco que respete la dignidad humana, la justicia y la sostenibilidad.

Innovación biotecnológica y bioderecho: entre la expansión científica y la regulación normativa

La biotecnología contemporánea se ha consolidado como uno de los campos de mayor dinamismo científico en el siglo XXI, impulsada por desarrollos en biología sintética, evolución dirigida, inteligencia artificial y aplicaciones biomédicas y agrícolas (Bassalo, Liu, & Gill, 2016; Holzinger et al., 2023; Kamatham et al., 2021). Estos avances, aunque prometen soluciones transformadoras en salud, agricultura e industria, generan al mismo tiempo dilemas éticos, sociales y ambientales que trascienden la esfera estrictamente científica (Straughan, 1991; Glasner & Rothman, 2001).

En este contexto, surge el bioderecho como disciplina emergente que articula la reflexión ética con marcos normativos vinculantes, orientados a equilibrar innovación, dignidad humana y sostenibilidad (Casabona & Malanda, 2019; Valdés, 2021a). El diálogo entre biotecnología y bioderecho se configura, por tanto, como un espacio de tensión creativa donde la ciencia plantea interrogantes inéditos y el derecho busca ofrecer respuestas normativas y axiológicas (Mokhov, 2021; Umnova-Konyukhova & Aleshkova, 2022).

El campo biotecnológico contemporáneo se caracteriza por la convergencia de múltiples disciplinas. La biología sintética ha abierto la posibilidad de diseñar sistemas vivos con fines específicos, impulsando aplicaciones que van desde microorganismos industriales hasta terapias génicas personalizadas (Ornelas, Cournoyer, Bram, & Mehta, 2023; Castle, Stock, & Gorochowski, 2024). Asimismo, la evolución dirigida de enzimas y organismos ha permitido la optimización de biocatalizadores para la industria y la salud, con aplicaciones en la producción sostenible de fármacos y biomateriales (Kumar & Singh, 2013; Reetz, 2016; Mavrommati, Daskalaki, Papanikolaou, & Aggelis, 2021).

En paralelo, la inteligencia artificial ha transformado la investigación en biotecnología, acelerando el descubrimiento de fármacos y la interpretación de datos genómicos a gran escala (Holzinger, Keiblinger, Holub, Zatloukal, & Müller, 2023). En la agricultura, la ingeniería genética ha impulsado la creación de cultivos resistentes a plagas y condiciones adversas, contribuyendo a la seguridad alimentaria global (Kamatham et al., 2021; Khan, 2024). Estos desarrollos, sin embargo, no están exentos de riesgos relacionados con la bioseguridad, el uso indebido de tecnologías y la profundización de brechas sociales y económicas (Nezhmetdinova, Guryleva, Sharypova, Zinurova, & Tuzikov, 2020; Trump, Cummings, Klasa, Galaitsi, & Linkov, 2023).

Frente a estas transformaciones, el bioderecho emerge como una disciplina autónoma que busca encauzar los avances biotecnológicos dentro de marcos normativos compatibles con la protección de los derechos humanos y la dignidad de la vida (Casabona & Malanda, 2019; Valdés, 2021b). Su origen se encuentra en el tránsito de la bioética hacia una institucionalización jurídica capaz de establecer principios aplicables en contextos locales e internacionales (Rendtorff, 2002; Kemp, 2019).

La literatura reciente destaca que el bioderecho no solo actúa como regulador, sino también como mediador entre ciencia, sociedad y política, en tanto traduce dilemas bioéticos en normas vinculantes (Araujo-Cuauro, 2019; Mokhov, Levushkin, & Yavorskiy, 2021). Umnova-Konyukhova y Aleshkova (2022) plantean que el progreso científico y tecnológico redefine constantemente los principios del derecho, obligando a repensar conceptos tradicionales como autonomía, integridad y vulnerabilidad. En este sentido, el bioderecho se convierte en un pilar de la bioeconomía, ya que proporciona lineamientos jurídicos para garantizar sostenibilidad y equidad en el uso de tecnologías (Mokhov, 2021).

La interacción entre biotecnología y bioderecho revela un escenario de interdependencia. Mientras la biotecnología expande los límites de lo posible con nuevas herramientas de manipulación genética, inteligencia artificial y bioingeniería, el bioderecho responde estableciendo límites normativos que buscan preservar la dignidad humana, los derechos fundamentales y el equilibrio social (Valdés, 2019; Umnova-Konyukhova & Aleshkova, 2021).

El consentimiento informado en pruebas genómicas, por ejemplo, muestra con claridad esta convergencia: los avances en diagnóstico y predicción de enfermedades ofrecen oportunidades para la medicina personalizada, pero al mismo tiempo plantean retos en materia de privacidad de datos y equidad en el acceso (Bilkey et al., 2019; Tzortzatou Nanopoulou et al., 2023). Del mismo modo, la biotecnología agrícola enfrenta cuestionamientos sobre riesgos ambientales y monopolios de propiedad intelectual, donde el bioderecho se erige como herramienta para equilibrar innovación y sostenibilidad (Nezhmetdinova et al., 2020; Piddubny & Deineha, 2023).

El análisis comparado de los desarrollos biotecnológicos y los fundamentos del bioderecho permite concluir que ambos campos mantienen una relación dialógica y complementaria. La biotecnología plantea preguntas inéditas desde la innovación científica, mientras el bioderecho busca ofrecer respuestas normativas y axiológicas que aseguren la justicia, la equidad y la protección de la dignidad humana.

Esta tensión creativa constituye una convergencia necesaria: sin regulación jurídica, la biotecnología corre el riesgo de generar desigualdades y daños irreparables; sin innovación científica, el bioderecho carecería del objeto sobre el cual ejercer su función reguladora. En consecuencia, solo a través de una integración entre ciencia y derecho será posible construir un futuro en el que la innovación se desarrolle en armonía con la ética, la justicia y la sostenibilidad.

Conclusiones

El recorrido histórico y conceptual del bioderecho muestra su tránsito desde una disciplina estrechamente ligada a la bioética hacia un campo autónomo del derecho, con objeto, metodología y principios propios. Este proceso de consolidación responde a la necesidad de normar los avances de la biomedicina y la biotecnología, que han generado dilemas éticos y jurídicos sin precedentes en torno a la vida, la dignidad y los derechos fundamentales (Valdés, 2019, 2021a, 2021d).

El bioderecho se diferencia de la bioética y del derecho médico al configurar un espacio normativo de nueva generación, cuyo objeto específico es el hecho bioético-jurídico (Casabona & Malanda, 2019). En este sentido, se convierte en una respuesta integral al desfase entre la velocidad de la innovación científica y la capacidad de reacción de los marcos normativos tradicionales, reforzando su carácter autónomo y su papel imprescindible dentro del derecho contemporáneo (Mokhov, 2021; Rivabem, 2017).

Los ámbitos de aplicación identificados –como la reproducción asistida, la protección de datos genómicos, la bioseguridad frente a tecnologías de doble uso, la justicia penal internacional y la formación de profesionales– muestran la amplitud y transversalidad del bioderecho (Bilkey et al., 2019; Fournet & Matwijkiw, 2020; Kalafati, 2023; Del Río et al., 2024). Estos espacios de intervención demuestran que no se trata de un apéndice disciplinar, sino de un instrumento normativo capaz de articular la innovación científica con la protección de los derechos humanos y la sostenibilidad social y ambiental (Álvarez & Mauricio, 2014; Araujo-Cuauro, 2019).

Los retos ético-jurídicos actuales –entre los que destacan la tensión entre autonomía y dignidad, la amenaza de deshumanización, el desfase estructural entre ciencia y derecho, la insuficiencia de la gobernanza internacional y la protección de datos genómicos– revelan que el bioderecho debe reforzar sus fundamentos teóricos y prácticos para ofrecer respuestas normativas eficaces y justas (Kalafati, 2023; Umnova-Konyukhova & Aleshkova, 2021, 2022).

Finalmente, la interacción entre biotecnología y bioderecho configura una relación dialógica y complementaria: la primera plantea preguntas inéditas desde la innovación, mientras el segundo ofrece respuestas jurídicas que buscan preservar la dignidad humana y el equilibrio social (Mokhov et al., 2021; Umnova-Konyukhova & Aleshkova, 2022). De esta manera, el bioderecho se erige no solo como garante de la juridificación de principios éticos (Valdés, 2021b), sino también como pilar de la gobernanza del progreso científico en el siglo XXI, orientado a equilibrar innovación, justicia y sostenibilidad (Have & Neves, 2021; Popov, 2021).

Referencias bibliográficas

Álvarez, M., & Mauricio, H. (2014). El bioderecho: La respuesta jurídica a los problemas que plantea la bioética. *9*, 74–88. https://doi.org/10.22507/PML.V9N2A6

Araujo-Cuauro, J. (2019). La biojurídica o el bioderecho como mediador de los nuevos dilemas biomédicos. *Telos: Revista de Estudios Interdisciplinarios en Ciencias Sociales*. https://doi.org/10.36390/telos213.06

Bassalo, M., Liu, R., & Gill, R. (2016). Directed evolution and synthetic biology applications to microbial systems. *Current Opinion in Biotechnology, 39*, 126–133. https://doi.org/10.1016/j.copbio.2016.03.016

Bilkey, G., Burns, B., Coles, E., Bowman, F., Beilby, J., Pachter, N., Baynam, G., Dawkins, H., Nowak, K., & Weeramanthri, T. (2019). Genomic testing for human health and disease across the life cycle: Applications and ethical, legal, and social challenges. *Frontiers in Public Health, 7*. https://doi.org/10.3389/fpubh.2019.00040

Casabona, C., & Malanda, S. (2019). Approach to biolaw as an autonomous juridical discipline. In *Biolaw and Policy in the Twenty-First Century*. https://doi.org/10.1007/978-3-030-05903-3_5

Castaño Bedoya, A. (2019). Introducción a las categorías conceptuales del bioderecho en la discrecionalidad jurídica. *Medicina y Ética, 31*(1), 141–155. https://doi.org/10.36105/mye.2020v31n1.04

Castle, S., Stock, M., & Gorochowski, T. (2024). Engineering is evolution: A perspective on design processes to engineer biology. *Nature Communications, 15*(1), 3640. https://doi.org/10.1038/s41467-024-48000-1

Del Río, M., González, M., & Sánchez, M. (2024). Bioética herramienta para futuros profesionales en el ejercicio del Derecho. *Academia & Derecho*. https://doi.org/10.18041/2215-8944/academia.29.12347

Fournet, C., & Matwijkiw, A. (2020). Introduction: The emergence of international criminal biolaw. In *Biolaw and International Criminal Law*. https://doi.org/10.1163/9789004364424_002

Glasner, P., & Rothman, H. (2001). New genetics, new ethics? Globalisation and its discontents. *Health, Risk & Society, 3*, 245–259. https://doi.org/10.1080/13698570120079868

Have, T., & Neves, M. (2021). Biolaw. In *Dictionary of global bioethics*. https://doi.org/10.1007/978-3-030-54161-3_88

Holzinger, A., Keiblinger, K., Holub, P., Zatloukal, K., & Müller, H. (2023). AI for life: Trends in artificial intelligence for biotechnology. *New Biotechnology*. https://doi.org/10.1016/j.nbt.2023.02.001

Kalafati, A. (2023). Ethics of healthy life sustainability. *International Journal of Prenatal & Life Sciences*. https://doi.org/10.24946/ijpls/20231305

Kamatham, S., Munagapati, S., Manikanta, K., Vulchi, R., Chadipiralla, K., Indla, S., & Allam, U. (2021). Recent advances in engineering crop plants for resistance to insect pests. *Egyptian Journal of Biological Pest Control, 31*, 1–14. https://doi.org/10.1186/s41938-021-00465-8

Kemp, P. (2019). The idea of European biolaw: Basic principles. In *Biolaw and policy in the twenty-first century*. https://doi.org/10.1007/978-3-030-05903-3_2

Khan, N. (2024). Unlocking innovation in crop resilience and productivity: Breakthroughs in biotechnology and sustainable farming. *Innovation Discovery*. https://doi.org/10.53964/id.2024028

Kumar, A., & Singh, S. (2013). Directed evolution: Tailoring biocatalysts for industrial applications. *Critical Reviews in Biotechnology, 33*(4), 365–378. https://doi.org/10.3109/07388551.2012.716810

Mavrommati, M., Daskalaki, A., Papanikolaou, S., & Aggelis, G. (2021). Adaptive laboratory evolution: Principles and applications in industrial biotechnology. *Biotechnology Advances, 107795*. https://doi.org/10.1016/j.biotechadv.2021.107795

Mazo Álvarez, H. M. (2014). El bioderecho: La respuesta jurídica a los problemas que plantea la bioética. *Producción + Limpia, 9*(2), 74–88. http://www.scielo.org.co/scielo.php?script=sci_arttext&pid=S1909-04552014000200007

Mokhov, A. (2021). Bioethics and biolaw as bioeconomy regulators. *Kutafin Law Review*. https://doi.org/10.17803/2313-5395.2021.1.15.068-084

Mokhov, A., Levushkin, A., & Yavorskiy, A. (2021). Biopolitics, biotechnologies, biomedicine, and biolaw as forms of bioregulation. *SHS Web of Conferences*. https://doi.org/10.1051/SHSCONF/202110801009

Nezhmetdinova, F., Guryleva, M., Sharypova, N., Zinurova, R., & Tuzikov, A. (2020). Risks of modern biotechnologies and legal aspects of their implementation in agriculture. *BIO Web of Conferences, 17*, 00227. https://doi.org/10.1051/bioconf/20201700227

Ornelas, M., Cournoyer, J., Bram, S., & Mehta, A. (2023). Evolution and synthetic biology. *Current Opinion in Microbiology, 76*, 102394. https://doi.org/10.1016/j.mib.2023.102394

Piddubny, O., & Deineha, M. (2023). Guaranteeing biological safety as a basis for limiting the patent-protected rights of intellectual property subjects. *Law. Human. Environment*. https://doi.org/10.31548/law/1.2023.77

Popov, D. (2021). Biopolitical turn in the law: From the legal and institutional model to the biolaw. *Russian Journal of Deviant Behavior*. https://doi.org/10.35750/2713-0622-2021-2-203-214

Rendtorff, J. (2002). Basic ethical principles in European bioethics and biolaw: Autonomy, dignity, integrity and vulnerability—Towards a foundation of bioethics and biolaw. *Medicine, Health Care and Philosophy, 5*, 235–244. https://doi.org/10.1023/A:1021132602330

Reetz, M. (2016). Directed evolution of selective enzymes: Catalysts for organic chemistry and biotechnology. https://doi.org/10.1002/9783527655465

Rivabem, F. (2017). Biodireito: uma disciplina autônoma? *[Revista no especificada]*, *25*, 282–289. https://doi.org/10.1590/1983-80422017252188

Straughan, R. (1991). Social and ethical issues surrounding biotechnological advance. *Outlook on Agriculture, 20*, 89–94. https://doi.org/10.1177/003072709102000206

Torrance, A. W. (2010, May 15). *The evolution and development of biolaw*. Gruter Institute Squaw Valley Conference 2010: Law, Institutions & Human Behavior. https://ssrn.com/abstract=1608249

Trump, B., Cummings, C., Klasa, K., Galaitsi, S., & Linkov, I. (2023). Governing biotechnology to provide safety and security and address ethical, legal, and social implications. *Frontiers in Genetics, 13*. https://doi.org/10.3389/fgene.2022.1052371

Umnova-Koniukhova, I., & Aleshkova, I. (2021). Bio-law as a new generation of law. *Vestnik Tomskogo gosudarstvennogo universiteta. Pravo*. https://doi.org/10.17223/22253513/41/9

Umnova-Konyukhova, I., & Aleshkova, I. (2022). The impact of scientific and technological progress in biotechnology on human rights and principles of law. *Actual Problems of Russian Law*. https://doi.org/10.17803/1994-1471.2022.143.10.034-045

Valdés, E. (2019). Towards a new conception of biolaw. In *Biolaw and policy in the twenty-first century*. https://doi.org/10.1007/978-3-030-05903-3_4

Valdés, E. (2021a). A new conception of biolaw (pp. 125–142). https://doi.org/10.1007/978-3-030-71823-7_5

Valdés, E. (2021b). Reformulation and juridification of biolaw's principles: A possible new framework (pp. 85–123). https://doi.org/10.1007/978-3-030-71823-7_4

Valdés, E. (2021c). The birth of biolaw: From American bioethics to European biolaw (pp. 1–29). https://doi.org/10.1007/978-3-030-71823-7_1

Valdés, E. (2021d). Traditional conceptions of biolaw (pp. 31–58). https://doi.org/10.1007/978-3-030-71823-7_2

Capítulo 3: Regulación Jurídica de Avances Biotecnológicos en el contexto de los ODS

Introducción

La Agenda 2030 de Naciones Unidas, con sus diecisiete Objetivos de Desarrollo Sostenible (ODS), constituye el marco político y ético más ambicioso de la comunidad internacional para enfrentar los desafíos globales en materia de pobreza, desigualdad, cambio climático y protección de la biodiversidad. Sin embargo, a más de una década de su adopción, los informes de seguimiento advierten rezagos significativos y un cumplimiento desigual entre regiones, particularmente en América Latina, donde persisten brechas críticas en trabajo decente, equidad social y sostenibilidad ambiental (CODS, 2019; Naciones Unidas, 2021, 2023; Lafortune & Fulle, 2025). Estos límites evidencian la necesidad de mecanismos jurídicos más eficaces y especializados que permitan traducir compromisos políticos en obligaciones concretas y exigibles.

En este escenario, la **biotecnología** emerge como un motor estratégico para alcanzar los ODS, ofreciendo innovaciones en agricultura sostenible, salud pública, energías renovables, biorremediación ambiental y economía circular (Cervantes, 2022; Donato et al., 2023; Sánchez, 2021). No obstante, su potencial transformador está acompañado de dilemas éticos y riesgos sociales que requieren marcos regulatorios sólidos y legitimados socialmente. La experiencia demuestra que el **Derecho Internacional clásico**, con su énfasis en la cooperación interestatal y en instrumentos de *soft law*, resulta insuficiente para regular la velocidad y complejidad de los desarrollos biotecnológicos (Janis, 2001; Martínez Jurado, 2018).

De ahí que este capítulo plantee la hipótesis de que es el **Bioderecho**, y no únicamente el Derecho Internacional tradicional, la disciplina llamada a regular los avances biotecnológicos en favor de la Agenda 2030. El Bioderecho, entendido como un sistema normativo autónomo que articula principios bioéticos, jurídicos y ambientales, tiene la capacidad de garantizar que la innovación científica se oriente hacia la dignidad humana, la protección de la vida y la sostenibilidad fuerte (Casado, 2015; Silveira Gorski & Méndez, 2015; Valdés & Rendtorff, 2021).

El capítulo se estructura en tres ejes principales: primero, se analiza la evolución del desarrollo sostenible como nuevo paradigma del Derecho Internacional y el balance crítico de los ODS a diez años de su adopción. En segundo lugar, se presentan las nociones generales de biotecnología, bioseguridad y bioética, junto con el marco jurídico internacional y nacional que regula su aplicación. Finalmente, se expone la propuesta de un **Bioderecho de la biotecnología** como marco regulador y ético que permita gestionar sinergias y tensiones entre los ODS, fortalecer la gobernanza global y asegurar que la innovación científica se materialice en planes de desarrollo estatales orientados al cumplimiento efectivo de la Agenda 2030.

El desarrollo sostenible: Nuevo paradigma del Derecho Internacional

Los antecedentes del Derecho Internacional (DI) se remontan al periodo romano con el denominado *ius gentium*, entendido como el conjunto de normas aplicables a los extranjeros cuando no existían disposiciones específicas o estas entraban en conflicto (Janis, 2001). Más adelante, el DI se consolidó como escenario de debates fundamentales, como los realizados por Carl Schmitt en torno al *ius ad bellum*. Este autor sostenía que el derecho internacional requería una base espacial que le otorgara sentido al sistema (Tripolone, 2014). Según Schmitt, esa base estaba constituida por los Estados (Tripolone, 2014, p. 353), reflejando así la visión clásica del DI, en la que se excluía a individuos y organizaciones internacionales como sujetos jurídicos relevantes (Janis, 2001).

Con el paso del tiempo, tres hitos históricos permitieron que el DI dejara de concebirse exclusivamente como un derecho interestatal y se abriera a una marcada subjetividad. La evolución hacia una mayor centralidad de la persona en este campo jurídico se consolidó tras la Segunda Guerra Mundial, con procesos de humanización, socialización y reconocimiento de la subjetividad jurídica del individuo (Pérez-León Acevedo, 2008).

En este contexto, el enfoque antropocéntrico comenzó a marcar la agenda internacional, orientada hacia el bienestar de las personas sin dejar de lado otras demandas colectivas. Un primer antecedente de relevancia se encuentra en la Cumbre de Estocolmo de 1972, donde los Estados adoptaron un *Plan de Acción* que enfatizó la relación del ser humano con su entorno natural y artificial, reconociendo que ambos eran esenciales para el bienestar y para el goce de los derechos humanos fundamentales, incluido el derecho a la vida (Naciones Unidas, 1972).

A partir de esta Cumbre, se empezaron a perfilar los fundamentos de lo que más tarde sería el concepto de Desarrollo Sostenible, aunque todavía sin una definición formal. La consolidación de este concepto llegó con el Informe Brundtland de 1987, que lo describió como aquel desarrollo que satisface las necesidades del presente sin comprometer la capacidad de las generaciones futuras para satisfacer las suyas (Brundtland, 1987).

Pese a su relevancia, la noción de Desarrollo Sostenible no está exenta de críticas. Algunos autores destacan su ambigüedad conceptual y señalan que, en la práctica, los responsables de las políticas públicas han privilegiado el crecimiento económico por encima de la protección ambiental (López, 2020). Otros sostienen que existe una incompatibilidad estructural entre el crecimiento económico ilimitado y el equilibrio ecológico, lo que hace necesario replantear las políticas y programas actuales (Artaraz, 2002). Estas tensiones quedaron reflejadas en la Declaración de Río de 1992, donde se estableció que los Estados debían cooperar en la construcción de un sistema económico internacional que promoviera tanto el crecimiento como el desarrollo sostenible, al tiempo que se enfrentaba la degradación ambiental (ONU, 1992b).

Otro aspecto problemático del Desarrollo Sostenible es su débil valor normativo. A diferencia del *hard law*, que se caracteriza por generar obligaciones jurídicas vinculantes, el Desarrollo Sostenible se ubica en el ámbito del *soft law*, cuyo fin principal es persuadir e influir en las conductas estatales a través del consenso (Martínez Jurado, 2018).

En este sentido, Fernández-Liesa (2022) advierte que, aunque la Agenda 2030 y el discurso de la sostenibilidad muestran vocación de convertirse en un paradigma del orden internacional, su consolidación se ve limitada por la falta de obligatoriedad normativa y por debilidades institucionales. Para que el Desarrollo Sostenible logre estabilizarse como verdadero paradigma, debe reflejarse en las fuentes formales del derecho y consolidar su penetración en sectores claves del DI, como el derecho ambiental.

La ausencia de efectos jurídicos vinculantes y la insuficiencia de iniciativas internacionales que traduzcan el concepto en acciones concretas han dificultado que, incluso después de una década, los Estados alcancen resultados satisfactorios, particularmente en relación con los Objetivos de Desarrollo Sostenible (ODS).

Balance actual de los Objetivos de Desarrollo Sostenible (ODS) a diez años de su adopción

Al cumplirse una década de la implementación de los Objetivos de Desarrollo Sostenible (ODS), resulta pertinente analizar el estado de avance alcanzado por los Estados y los principales desafíos que enfrenta la Agenda 2030.

En 2019, la primera cumbre de seguimiento convocada por Naciones Unidas presentó un panorama alentador en algunos ámbitos, destacando progresos en los ODS relacionados con hambre cero, igualdad de género, energía asequible y trabajo decente (United Nations, 2019). Ese mismo año, el informe **Índice ODS 2019 para América Latina y el Caribe** reveló que solo cuatro países —Chile, Uruguay, Costa Rica y Ecuador— sobresalían en el cumplimiento de metas, superando incluso a economías de mayor tamaño como Brasil, Argentina y México (Cods, 2019). No obstante, el informe también visibilizó profundas desigualdades regionales: en países como Colombia, Guatemala y México los niveles de concentración del ingreso se asemejaban a los de África subsahariana (Cods, 2019).

En el caso colombiano, el balance de 2019 mostraba que un 35,30 % de los ODS se encontraban en rezago crítico, un 41,18 % en rezago significativo y un 23,52 % en rezago moderado, con un avance global apenas del 1,53 %. Mientras tanto, solo los ODS 1, 6, 7 y 13 presentaban tendencias positivas de crecimiento. Sin embargo, estos esfuerzos se vieron rápidamente impactados por la emergencia sanitaria del SARS-CoV-2. Aunque los países miembros de la OCDE lograron mantener parte de la trayectoria hacia los objetivos (Rueda Fiorentino, 2019), la pandemia generó el primer retroceso global en la Agenda 2030 en 2021 (Rueda Fiorentino & Coronell, 2024).

Ese mismo año, Naciones Unidas advirtió que la crisis sanitaria había puesto en riesgo décadas de avances y retrasado la transición hacia economías sostenibles, subrayando que, a pesar de ciertos logros en reducción de pobreza, salud materno-infantil, acceso a energía y equidad de género, los progresos eran insuficientes para alcanzar las metas de 2030 (Naciones Unidas, 2021).

La preocupación llevó a convocar la **Cumbre de los ODS en 2023**, donde los Estados reconocieron en una declaración política que el cumplimiento de la Agenda estaba en peligro, debido al lento avance e incluso retroceso en varios indicadores respecto a los niveles de 2015 (Asamblea General de las Naciones Unidas, 2023).

Los diagnósticos regionales refuerzan esta visión crítica. En América Latina, estudios identifican serias dificultades para alcanzar metas específicas: en Colombia el ODS 8 sobre trabajo decente (López-Mera, 2021); en Brasil el ODS 3 sobre salud, que incluso muestra retrocesos (Moreira et al., 2019; Seixas et al., 2020); y en Argentina, una situación que se desmarca de la tendencia regional (García, 2023). En Europa, aunque países como Suiza reportan cumplimiento pleno de los ODS 1, 2 y 4, persisten retos en materia de consumo y producción sostenible (ODS 12) (Calvillo Cisneros, 2022). A nivel continental, el informe **Desarrollo Sostenible en Europa 2025** advierte que, pese a que 19 de los 20 países líderes en indicadores ODS son europeos, los avances han sido desiguales y limitados, en especial desde 2020 (Lafortune & Fulle, 2025).

De este modo, el balance global es insatisfactorio: los avances son fragmentados y no han generado un cumplimiento homogéneo. La propia ONU alertó que, de no corregirse de inmediato la trayectoria, el mundo enfrentará una continuidad de la pobreza, crisis prolongadas y mayor incertidumbre (Asamblea General de las Naciones Unidas, 2023).

En este escenario, se hace necesario explorar alternativas complementarias para revitalizar la Agenda 2030. Una de ellas es la biotecnología, que ofrece herramientas potenciales para contribuir al cumplimiento de los ODS, particularmente en contextos como el colombiano.

Biotecnología, bioseguridad y bioética: Nociones generales y marco jurídico

El debate contemporáneo sobre biotecnología, bioseguridad y bioética se enmarca en el rezago del cumplimiento de los Objetivos de Desarrollo Sostenible (ODS), lo que obliga a buscar estrategias que integren innovación científica, sostenibilidad y gobernanza responsable. La crítica más persistente al modelo de desarrollo sostenible radica en su aparente contradicción: crecimiento ilimitado frente a conservación ambiental (Rojas et al., 2020). En este contexto, la biotecnología aparece no como un mero recurso técnico, sino como un motor de transformación científica y económica, con profundas implicaciones éticas y jurídicas (Bergel, 2006).

La reflexión jurídica no ha estado ausente. Desde el Convenio sobre Diversidad Biológica de 1992 (ONU, 1992a) hasta la jurisprudencia constitucional colombiana (Corte Constitucional, 1996), se han sentado bases conceptuales que reconocen a la biotecnología como una herramienta de desarrollo, pero también como un campo que exige regulación estricta. La relación con la bioética y la bioseguridad refuerza la necesidad de marcos normativos que protejan la dignidad humana y el medio ambiente frente al rápido avance de la ciencia (Silveira Gorski & Méndez Baiges, 2015; Corte Constitucional, 2020).

El rezago en el cumplimiento de los Objetivos de Desarrollo Sostenible (ODS) evidencia la necesidad de enfoques integrales basados en innovación científica. Diversos autores han resaltado la tensión entre crecimiento económico y conservación ambiental, crítica recurrente al paradigma del desarrollo sostenible. Así, se ha afirmado que este modelo "resulta un oxímoron porque desarrollo es crecimiento ilimitado, lo que no es sostenible" (Rojas et al., 2020). En este contexto, la biotecnología no debe limitarse a ser entendida como un mero instrumento, sino como un componente esencial en la búsqueda de soluciones jurídicas, científicas y técnicas para alcanzar los ODS, particularmente en países como Colombia, donde las brechas en el cumplimiento de la Agenda 2030 aún persisten.

Salvador Darío Bergel resalta que la biotecnología no solo ha generado una profunda revolución científico-tecnológica, sino también una transformación económica que permea prácticamente todos los sectores: agricultura, ganadería, biorremediación, industria farmacéutica y procesos industriales, entre otros (Bergel, 2006). De esta manera, el papel de la biotecnología trasciende el ámbito científico, incorporando dimensiones éticas, jurídicas y sociales que exigen un análisis integral.

Aunque la regulación jurídica de la biotecnología es relativamente reciente, sus prácticas tienen raíces antiguas. Se identifican aplicaciones desde el 6000 a. C., mientras que en la década de 1970, con el auge de las tecnologías hereditarias y de la ingeniería celular y tisular, se consolidó su desarrollo moderno (Rehana, 2020). Definiciones clásicas la describen como el uso de organismos vivos o sus productos en beneficio humano para resolver problemas o generar productos (Thieman & Palladino, 2010). Más allá de ello, algunos autores la consideran parte de una revolución científica asociada a la revolución tecnológica, con aplicaciones que permiten comprender, tratar y producir lo viviente (Digilio, 2021). Esta tendencia se amplía en el marco de la cuarta y quinta revolución industrial, en las que la biotecnología se percibe como herramienta clave para potenciar la sostenibilidad (Guo et al., 2025).

En el plano jurídico, el Convenio sobre Diversidad Biológica (CDB) de 1992, ratificado por Colombia en 1994, definió la biotecnología como la utilización de sistemas biológicos y organismos vivos para crear o modificar productos y procesos de uso específico (ONU, 1992a). Este enfoque la presentó como un motor de desarrollo económico y de calidad de vida (Urrutia Libarona, 2008). En línea con ello, la Corte Constitucional colombiana la caracterizó como una forma de aprovechamiento de recursos naturales con fines de innovación en procesos y productos (Corte Constitucional, 1996).

Algunas posturas, sin embargo, amplían este concepto. María Antonia Muñoz, por ejemplo, sostiene que la biotecnología no se restringe a la manipulación genética, sino que constituye una red compleja de conocimientos derivados de la ciencia básica y aplicada, así como de tecnologías relacionadas con fermentación, purificación, robótica y control de procesos, aplicables incluso a la agricultura de precisión (Munoz de Malajovich, 2013).

Se destacan tres hitos clave en la evolución biotecnológica: (i) el descubrimiento de los microorganismos como agentes de fermentación por Louis Pasteur, que dio origen a la industria de fermentación; (ii) el desarrollo industrial de los años 30 y 40, caracterizado por la incorporación de sofisticados sistemas de control; y (iii) la revolución de los años 80, que con las herramientas de la ingeniería genética otorgó la capacidad de diseñar organismos vivos para procesos específicos.

La relación entre biotecnología y desarrollo sostenible ha sido particularmente valorada por la Unión Europea, que desde los Objetivos de Desarrollo del Milenio impulsó planes de acción en esta materia. Dichos planes resaltaron la importancia de la gobernanza, entendida como la atención con la que las autoridades diseñan y aplican políticas responsables en el campo biotecnológico (Urrutia Libarona, 2008; Comisión Europea, 2002).

Bioética y derecho

La bioética se ha definido como el área de conocimiento orientada a evaluar dilemas éticos desde una base científica y bajo estándares deontológicos propios del campo médico (Corte Constitucional, 2023). Sin embargo, otros enfoques subrayan que el concepto surgió por cambios en la relación médico-paciente y en la comprensión de la salud (Jesus Goikoetxea, 2013).

Para Silveira y Méndez (2015), los avances biomédicos plantean no solo dilemas éticos, sino también jurídicos, pues impactan cuestiones sociales reguladas históricamente, como el parentesco, el uso del cuerpo y los límites de la vida. Según estas autoras, la bioética representa un "mínimo ético" que debe ser garantizado por la legislación. En esta línea, la Declaración Universal sobre Bioética y Derechos Humanos (2005) se erige como el marco internacional de referencia (Silveira Gorski & Mendez Baiges, 2015).

María Casado complementa que la bioética surge como un puente entre ciencias y humanidades frente a los retos biotecnológicos, destacando la necesidad de controles jurídicos para sus aplicaciones (Casado, 2015). De manera coherente, la ONU ha señalado la urgencia de establecer principios universales que orienten a la comunidad internacional frente a los dilemas derivados de la ciencia y la tecnología (Naciones Unidas, 2006).

Bioseguridad y principios ambientales

Finalmente, desde la jurisprudencia constitucional se ha reconocido que la bioseguridad busca prevenir y controlar riesgos derivados de agentes biológicos (Corte Constitucional, 2020). Dichos principios se sustentan en el principio de precaución, formulado en la Declaración de Río de 1992, y en el principio de prevención, que exige la evaluación de impactos ambientales antes de la aprobación de actividades de riesgo. La Corte Constitucional ha reiterado que la prevención se concreta en instrumentos como las evaluaciones de impacto ambiental y la expedición de autorizaciones previas (Corte Constitucional, 2014).

El análisis de la biotecnología en el marco del desarrollo sostenible permite afirmar que esta disciplina constituye un puente entre ciencia, derecho y sociedad. Lejos de ser un simple recurso técnico, se proyecta como motor de transformación económica y científica, con potencial para superar la tensión entre crecimiento y conservación (Rojas et al., 2020; Bergel, 2006).

En términos jurídicos, se observa una evolución normativa que va desde el Convenio sobre Diversidad Biológica hasta la jurisprudencia de la Corte Constitucional colombiana, consolidando la necesidad de regular su aplicación en beneficio de la vida y el medio ambiente (ONU, 1992a; Corte Constitucional, 1996; 2014; 2020).

Por otra parte, la bioética emerge como el espacio que señala el “mínimo ético” que debe guiar la legislación frente a los avances científicos (Silveira Gorski & Mendez Baiges, 2015), a la vez que constituye un puente interdisciplinar que integra ciencia y humanidades para reflexionar sobre los retos del futuro (Casado, 2015). Finalmente, la bioseguridad, al amparo de principios como la precaución y la prevención, se consolida como un eje transversal en la protección de la dignidad humana y del medio ambiente (Corte Constitucional, 2020).

En conclusión, biotecnología, bioseguridad y bioética conforman un triángulo estratégico que debe abordarse de manera integral para garantizar la coherencia entre innovación, justicia social y sostenibilidad en el marco de la Agenda 2030.

Marco jurídico de la biotecnología

El desarrollo de la biotecnología ha estado acompañado de la construcción de un sólido marco jurídico internacional y nacional, diseñado para garantizar la conservación de la biodiversidad, la seguridad en el uso de organismos genéticamente modificados y la distribución equitativa de beneficios. Desde los primeros compromisos adoptados en el **Convenio sobre la Diversidad Biológica (CDB) de 1992**, hasta la consolidación de normativas específicas en países como Brasil, Argentina, México y Colombia, se observa un esfuerzo por equilibrar innovación científica, protección ambiental y desarrollo sostenible (ONU, 1992a; Magalhães, 2007). Este entramado normativo no solo responde a los desafíos éticos y ambientales, sino que también articula la biotecnología con los Objetivos de Desarrollo Sostenible (ODS), evidenciando la necesidad de una gobernanza integral en este campo (Congresso Nacional, 2005; Ministerio de Agricultura, 2011; Congreso de los Estados Unidos Mexicanos, 2005; C.P., 1991; Presidencia de la República, 2005; ICA, 2006; DNP, 2011; Narváez Torres, 2021).

Marco jurídico internacional

El derecho internacional en materia de biotecnología se formalizó con el **Convenio sobre la Diversidad Biológica (CDB)**, que fijó tres objetivos principales: la conservación de la biodiversidad, su utilización sostenible y la distribución justa de los beneficios derivados de la biotecnología (ONU, 1992a). Un complemento importante es el **Acuerdo sobre los Aspectos de los Derechos de Propiedad Intelectual relacionados con el Comercio (ADPIC)**, que regula la propiedad intelectual aplicable a innovaciones biotecnológicas. En opinión de Magalhães (2007), el ADPIC asegura la protección jurídica de los productos derivados de la biotecnología y contribuye a cumplir los fines del CDB.

Posteriormente, el **Protocolo de Cartagena sobre Seguridad de la Biotecnología** estableció procedimientos de gestión y evaluación del riesgo en la manipulación de organismos genéticamente modificados (OGM), basados en el principio de precaución.

Más adelante, el **Protocolo de Nagoya** reguló el acceso a los recursos genéticos y la participación equitativa en los beneficios derivados de su utilización.

Marco jurídico en algunos países América Latina

La Constitución de 1988 de Brasil incluyó la protección ambiental en su artículo 225, desarrollada a través de la Ley 11.105 de 2005 (Ley de Bioseguridad) y el Decreto 5.591 del mismo año. Dicho marco creó el Consejo Nacional de Bioseguridad, órgano asesor del presidente en la formulación de la Política Nacional de Bioseguridad, y estableció mecanismos de inspección y control (Congresso Nacional, 2005).

En Argentina, la **Resolución 763 de 2011** reconoció a la biotecnología como herramienta para mejorar la productividad agropecuaria. Dispone que toda liberación de OGM sin aprobación comercial debe contar con la autorización de la Secretaría de Agricultura y una evaluación de riesgos realizada por la **CONABIA** (Ministerio de Agricultura, 2011).

México adoptó la **Ley de Bioseguridad de Organismos Genéticamente Modificados de 2005**, que reconoce la gran biodiversidad del país e incorpora el principio de precaución. Su objetivo central es proteger la salud humana, la biodiversidad y el medio ambiente frente a posibles riesgos de los OGM (Congreso de los Estados Unidos Mexicanos, 2005).

En Colombia, la **Constitución de 1991** asigna al Estado y a los particulares la obligación de proteger el medio ambiente (art. 8), garantiza el derecho a un ambiente sano (art. 79) y ordena la planificación y control del uso de recursos naturales para un desarrollo sostenible (art. 80) (C.P., 1991).

El país ratificó el **CDB** mediante la Ley 165 de 1994 y el **Protocolo de Cartagena** mediante la Ley 740 de 2002. Posteriormente, el **Decreto 4525 de 2005** reglamentó estas disposiciones, asignando competencias al ICA, al Ministerio de Ambiente y al Ministerio de Salud en la gestión de riesgos asociados a la biotecnología (Presidencia de la República, 2005).

El **ICA** expidió la Resolución 946 de 2006, que reglamentó procedimientos sobre OVM y las funciones del CTNBio (ICA, 2006). Asimismo, el **CONPES 3697 de 2011** propuso instrumentos financieros y regulatorios para promover empresas de base biotecnológica, destacando la bioprospección como estrategia de crecimiento sostenible (DNP, 2011). En este contexto, Narváez Torres (2021) enfatiza que la bioprospección debe desarrollarse bajo marcos normativos que compatibilicen conservación y desarrollo económico.

Finalmente, el **CONPES 3918** trazó lineamientos estratégicos para implementar los ODS, incluyendo la movilización de recursos para la biodiversidad, el fortalecimiento de capacidades institucionales locales y el seguimiento territorial, aspectos claves para la agricultura de precisión en municipios como Montería (DNP, 2011).

El recorrido normativo muestra que la biotecnología no puede entenderse de forma aislada de sus marcos jurídicos, pues estos garantizan tanto la protección ambiental como la seguridad y equidad en la distribución de beneficios. A nivel internacional, instrumentos como el **CDB**, el **ADPIC** y los **Protocolos de Cartagena y Nagoya** han marcado hitos regulatorios esenciales (ONU, 1992a; Magalhães, 2007). En América, los casos de Brasil, Argentina y México evidencian esfuerzos por consolidar políticas nacionales de bioseguridad (Congresso Nacional, 2005; Ministerio de Agricultura, 2011; Congreso de los Estados Unidos Mexicanos, 2005).

En el caso colombiano, la Constitución de 1991 y las políticas derivadas del **Decreto 4525 de 2005**, la **Resolución 946 de 2006** y los **CONPES 3697 y 3918** reflejan la intención de articular biotecnología, bioseguridad y desarrollo sostenible, en coherencia con la Agenda 2030 (C.P., 1991; Presidencia de la República, 2005; ICA, 2006; DNP, 2011). No obstante, persisten desafíos prácticos como la falta de implementación de iniciativas claves —por ejemplo, la Empresa Nacional de Bioprospección—, lo que confirma que la regulación jurídica debe avanzar con la misma rapidez que la innovación científica (Narváez Torres, 2021). En conclusión, el marco normativo constituye un pilar esencial para que la biotecnología contribuya efectivamente al logro de los ODS.

Biotecnología y su Rol en el Cumplimiento de la Agenda 2030

La Agenda 2030 para el Desarrollo Sostenible, adoptada en 2015 por la Asamblea General de las Naciones Unidas, constituye un marco universal que busca erradicar la pobreza, proteger el planeta y garantizar prosperidad para todos mediante 17 Objetivos de Desarrollo Sostenible (ODS). En este contexto, la biotecnología contemporánea adquiere un papel estratégico como herramienta de innovación para enfrentar los grandes desafíos de la humanidad, desde la seguridad alimentaria hasta la sostenibilidad energética y la restauración ambiental (Carpentier & Braun, 2020).

Las investigaciones recientes evidencian que los desarrollos biotecnológicos no solo generan soluciones puntuales, sino que se integran de manera transversal en múltiples metas de los ODS. Por ejemplo, la bioeconomía y la sostenibilidad fuerte plantean nuevas rutas para gestionar sinergias y trade-offs entre objetivos ambientales y productivos (Bennich et al., 2021). De igual manera, técnicas como la biorremediación microbiana permiten vincular los avances de la biotecnología con la agenda ambiental del pilar *Planeta* (Milić, Avdalović & Knudsen, 2024). La literatura científica también reconoce la contribución de la biotecnología a la erradicación del hambre, la salud, la energía limpia y el trabajo decente (Donato et al., 2023). Todo ello implica que la Ciencia, la Tecnología y la Innovación deben ser reorientadas hacia los ODS como motores de desarrollo sostenible (Walsh, Murphy & Horan, 2020).

Esta sección tiene como propósito analizar de forma descriptiva, explicativa y argumentativa el papel de los desarrollos biotecnológicos contemporáneos en el cumplimiento de la Agenda 2030, considerando tanto sus aportes como los desafíos normativos y ético-jurídicos que el Bioderecho debe atender.

La biotecnología contemporánea está en el núcleo de la transición hacia modelos de desarrollo sostenible. De acuerdo con Carpentier y Braun (2020), la Agenda 2030 constituye un marco que exige la participación activa de gobiernos, empresas, academia y sociedad civil para abordar retos interconectados como la pobreza, la desigualdad y el cambio climático. En este entramado, la biotecnología ofrece soluciones basadas en la innovación que inciden directamente en ODS específicos, tales como el 2 (Hambre Cero), el 3 (Salud y Bienestar), el 6 (Agua Limpia y Saneamiento), el 7 (Energía Asequible y No Contaminante), el 12 (Producción y Consumo Responsables), el 13 (Acción por el Clima) y el 15 (Vida de Ecosistemas Terrestres).

La interrelación entre biotecnología, bioeconomía y sostenibilidad fuerte revela la complejidad de armonizar intereses productivos con la protección de los ecosistemas. Bennich et al. (2021) demuestran cómo, en el sector forestal y energético, emergen rutas de desarrollo divergentes: una basada en la intensificación productiva y la economía circular, y otra centrada en la protección del capital natural crítico. Esta dualidad refleja la tensión entre crecimiento económico y conservación, situación que obliga a los marcos regulatorios a reconocer sinergias y gestionar trade-offs de manera anticipada y ética.

La literatura especializada resalta la diversidad de campos en los que la biotecnología aporta soluciones concretas para los ODS. Según Donato et al. (2023), estos avances abarcan:

- **Agricultura sostenible y seguridad alimentaria:** los cultivos modificados genéticamente y los biofertilizantes incrementan la productividad agrícola, reducen el uso de agroquímicos y fortalecen la resiliencia frente al cambio climático. Estas innovaciones permiten cumplir metas relacionadas con la erradicación del hambre y la nutrición adecuada.
- **Salud y bienestar:** la biotecnología contribuye con terapias génicas, vacunas de nueva generación y diagnósticos de precisión, lo que se traduce en una mejora de la salud pública y en el avance hacia la medicina personalizada.
- **Energía y cambio climático:** el desarrollo de biocombustibles, hidrógeno verde y bioenergía reduce la dependencia de combustibles fósiles y favorece la transición hacia una matriz energética baja en carbono.
- **Recursos hídricos:** mediante bioreactores de membrana, biofiltración y biosensores, la biotecnología garantiza acceso a agua limpia y segura, favoreciendo la gestión sostenible de este recurso vital.
- **Ecosistemas y biodiversidad:** la biotecnología azul y la biorremediación permiten conservar especies marinas, restaurar suelos contaminados y recuperar ecosistemas degradados.
- **Economía y trabajo decente:** la bioeconomía impulsa industrias emergentes, genera empleo en sectores verdes y fomenta la innovación sostenible, alineándose con los principios de trabajo decente (ODS 8).

Un caso específico de integración de la biotecnología con la Agenda 2030 lo ofrece la biorremediación de petróleo. Según Milić et al. (2024), el uso de microorganismos para limpiar ambientes contaminados constituye una estrategia natural y efectiva para alcanzar los ODS del pilar *Planeta*. No obstante, también subrayan los límites actuales de la biodegradación incompleta y la necesidad de más investigación para superar barreras técnicas y ambientales.

La Agenda 2030 no puede alcanzarse sin una reorientación de la Ciencia, la Tecnología e Innovación (CTI). Walsh, Murphy y Horan (2020) sostienen que el camino hacia un desarrollo inclusivo y ambientalmente sostenible exige transformar los patrones de inversión en CTI, así como crear nuevos mecanismos de financiamiento, gobernanza y cooperación internacional. En este sentido, el *Technology Facilitation Mechanism* de la ONU emerge como instrumento esencial para garantizar el acceso equitativo a tecnologías y su transferencia entre países, especialmente en beneficio de las naciones en desarrollo.

El papel de la biotecnología, entonces, no puede entenderse de manera aislada, sino dentro de un ecosistema de innovación donde convergen políticas públicas, marcos regulatorios de Bioderecho y mecanismos globales de cooperación científica y tecnológica.

El avance acelerado de la biotecnología plantea dilemas éticos y jurídicos que exigen un marco regulador sólido. La disciplina del Bioderecho se configura como garante de que el uso de estas tecnologías se oriente hacia la dignidad humana, la equidad y la sostenibilidad. Así, la función del Bioderecho consiste en traducir la innovación biotecnológica en normas vinculantes que prevengan riesgos de deshumanización, aseguren la protección de datos genómicos, promuevan la justicia intergeneracional y alineen la investigación científica con los valores fundamentales de los ODS.

En otras palabras, mientras la biotecnología ofrece soluciones técnicas, el Bioderecho asegura que estas soluciones se inserten en un marco de legitimidad ética, social y jurídica. Solo de esta manera se puede garantizar que la innovación no derive en exclusión, desigualdad o daños irreversibles al medio ambiente.

El papel de la biotecnología contemporánea en el cumplimiento de la Agenda 2030 es decisivo y multifacético. Como se ha analizado, sus aportes abarcan sectores clave como la agricultura, la salud, el agua, la energía, la conservación ambiental y la generación de empleo sostenible. No obstante, estos avances no están exentos de desafíos, pues deben armonizarse con la sostenibilidad fuerte, gestionar los trade-offs entre objetivos divergentes y superar barreras técnicas en procesos como la biorremediación.

Biotecnología para un Futuro Sostenible: aportes al cumplimiento de los Objetivos de Desarrollo Sostenible

La biotecnología se ha consolidado como una herramienta estratégica para enfrentar los desafíos del siglo XXI, especialmente en lo relacionado con el cumplimiento de los Objetivos de Desarrollo Sostenible (ODS). Diversos autores coinciden en que los Estados deben ampliar sus capacidades científicas y tecnológicas para garantizar un impacto positivo en áreas como la salud, la seguridad alimentaria, el medio ambiente y la sostenibilidad de los recursos.

En este sentido, Sánchez (2021) resalta la necesidad de profundizar en el conocimiento básico de la biotecnología, entendida como el estudio de las estructuras biológicas y sus dinámicas desde el nivel molecular hasta el organismo completo. Velázquez-Campoy (2018) complementa esta visión al señalar que la biotecnología tiene aplicaciones en sectores como la agricultura, ganadería, alimentación, cosméticos, textiles, química, medioambiente, medicina y veterinaria, a la vez que plantea retos urgentes relacionados con la disponibilidad de agua, alimentos y energías renovables.

Desde una perspectiva vinculada a los ODS, Cervantes (2022) afirma que la biotecnología incide directamente en los objetivos 1, 2, 3, 6, 7, 8, 9, 11, 12, 13, 14 y 15, constituyéndose como un eslabón fundamental para su cumplimiento y el cuidado del medio ambiente. De manera complementaria, Polanco y Martínez (2023) destacan su impacto en los ODS 2 y 3, al mejorar la eficacia de los cultivos, su calidad nutricional y al propiciar la creación de vacunas. También la relacionan con el ODS 6, a través de tecnologías para un uso más sostenible del agua, y con el ODS 12, gracias a su aporte en la economía circular y el consumo responsable.

Asimismo, Hajian y Jangchi Kashani (2021) enfatizan que la biotecnología incide transversalmente en las dimensiones sociales, económicas y ambientales del desarrollo sostenible. En esa línea, Smyth (2022) estudia las tecnologías de edición genómica y su contribución a los ODS 1, 2 y 3, al generar variedades de cultivos resistentes a plagas y con mejor rendimiento, lo que favorece la seguridad alimentaria, la nutrición y la salud. Este autor también advierte que, sin innovaciones como los fertilizantes sintéticos o la modificación genética, la agricultura moderna sufriría pérdidas sustanciales debido a plagas y suelos degradados.

Por su parte, Sutherland et al. (2021) examinan la biotecnología de microalgas, identificando su relevancia para los ODS 2, 6, 7, 12 y 14. Señalan que estas tecnologías aportan proteínas de alta calidad para la dieta humana y animal, ácidos grasos poliinsaturados como suplementos alimenticios, procesos de biorremediación para aguas residuales, producción de biocombustibles de tercera generación, bioplásticos y bioestimulantes agrícolas.

De igual manera, otras investigaciones evidencian contribuciones significativas en ámbitos como la ingeniería genómica, la electrobiotecnología, la robótica blanda y las aplicaciones de microalgas, confirmando la versatilidad de la biotecnología en la consecución de la Agenda 2030.

Tabla 2 Contribución de la biotecnología a los ODS

ODS relevantes	*Contribución biotecnológica*	*Referencia*
2, 3, 12, 13, 15	Ingeniería genómica bacteriana para producir compuestos de valor, reducir emisiones y optimizar procesos industriales.	Reuß et al. (2017)
6, 7, 12, 13, 14, 15	Tecnologías microbianas tradicionales y novedosas aplicables en comunidades vulnerables.	Soberón-Chávez (2023)
6, 12, 13	Electrobiotecnología: celdas de combustible microbianas, síntesis electro-microbiana, biorremediación.	Gizewski et al. (2023)
2, 6, 7, 12, 13	Microalgas para tratamiento de aguas residuales, producción de bioenergía y compuestos de valor (proteínas, lípidos, antioxidantes).	Olabi et al. (2023)
8, 9, 11, 13	Robótica blanda con materiales biodegradables aplicados a agricultura sostenible, restauración y monitoreo ambiental.	Giordano et al. (2023)

Fuente: Elaboración propia con base en los autores incluidos en la tabla

La evidencia académica confirma que la biotecnología constituye un motor esencial para avanzar en la Agenda 2030, al incidir de manera directa y transversal en varios ODS. Sus aportes abarcan desde la mejora de la seguridad alimentaria y la salud pública, hasta la optimización de procesos industriales sostenibles y el desarrollo de energías renovables. El desafío radica en consolidar marcos normativos y de gobernanza que acompañen estos avances, garantizando que la innovación científica se traduzca en beneficios equitativos y sostenibles para toda la humanidad.

La literatura consultada muestra que la biotecnología no solo es un catalizador de innovación, sino también un instrumento de transformación estructural hacia un modelo de desarrollo inclusivo y sostenible (Bennich et al., 2021; Carpentier & Braun, 2020; Donato et al., 2023; Milić et al., 2024; Walsh et al., 2020). Para ello, es imprescindible una reorientación de la Ciencia, la Tecnología e Innovación hacia los ODS, respaldada por mecanismos de cooperación global y marcos normativos robustos.

El Bioderecho, en este contexto, se erige como disciplina clave para asegurar que la biotecnología avance bajo parámetros éticos y jurídicos que respeten la dignidad humana y la integridad del planeta. Solo mediante esta integración equilibrada entre ciencia, derecho y desarrollo sostenible será posible cumplir la visión de la Agenda 2030: un futuro más justo, próspero y sostenible para toda la humanidad.

Bioderecho y su Rol en el Cumplimiento de la Agenda 2030

El Bioderecho (Biolaw) se ha consolidado en las últimas décadas como un campo jurídico emergente que responde a los dilemas éticos, sociales y ambientales derivados de los avances en biomedicina y biotecnología. En un contexto global caracterizado por la urgencia de cumplir los Objetivos de Desarrollo Sostenible (ODS) de la Agenda 2030 de Naciones Unidas, esta disciplina adquiere un papel estratégico. La Agenda 2030, adoptada por 193 Estados miembros de la ONU, constituye el marco político universal para orientar las políticas de desarrollo en lo económico, social y ambiental (Li, 2020; Guiry, 2024). Sin embargo, a mitad del plazo fijado, múltiples metas aún permanecen lejos de alcanzarse (Neidhardt, 2024), lo que evidencia la necesidad de instrumentos jurídicos innovadores y globalmente integradores.

En este escenario, se parte de la hipótesis de que son pocos los autores que vinculan directamente el Bioderecho con la Agenda 2030, pero esta conexión ofrece una oportunidad única: el Bioderecho, al regular la biotecnología, puede convertirse en un mecanismo normativo que garantice el equilibrio entre innovación científica y sostenibilidad, aportando de manera decisiva al logro de los ODS (Valdés & Rendtorff, 2021). El presente trabajo describe, explica y argumenta el rol del Bioderecho en el cumplimiento de la Agenda 2030, integrando las ocho referencias estudiadas y mostrando cómo esta disciplina permite articular principios biojurídicos, gobernanza sostenible y regulaciones específicas para la biotecnología.

Bioderecho como marco normativo y ético

El Bioderecho constituye un sistema de principios biojurídicos que orienta las decisiones públicas y privadas frente a los avances biotecnológicos, alineando la innovación científica con el respeto por la dignidad humana, la protección ambiental y la justicia social (Valdés & Rendtorff, 2021). Frente a la Agenda 2030, su contribución radica en traducir los compromisos políticos en obligaciones jurídicas vinculantes que aseguren coherencia entre los ODS y las regulaciones nacionales e internacionales. En este sentido, ofrece un puente normativo entre el discurso ético y la acción reguladora.

Bioderecho y la gestión de sinergias y tensiones entre ODS

El cumplimiento de los ODS implica enfrentar sinergias y trade-offs. El estudio de Bennich et al. (2021) sobre la bioeconomía evidencia cómo el impulso a energías renovables y sistemas circulares puede entrar en tensión con la necesidad de preservar capital natural crítico. Aquí el Bioderecho se erige como un marco capaz de identificar, gestionar y regular conflictos normativos, aplicando principios como el de precaución y sostenibilidad fuerte. Su función es garantizar que la biotecnología no se desarrolle en detrimento de objetivos ambientales o sociales.

Bioderecho, gobernanza global y cooperación internacional

La Agenda 2030 demanda coordinación multinivel. Autores como Guiry (2024) destacan que la interacción entre derecho internacional y ODS abre un espacio para fortalecer obligaciones emergentes en materia ambiental y de derechos humanos. Asimismo, Neidhardt (2024) subraya la importancia del derecho internacional privado para abordar la dimensión transnacional de los ODS. El Bioderecho, con su carácter cosmopolita, puede integrarse a estas dinámicas para armonizar marcos legales regionales y globales, asegurando la cooperación frente a riesgos globales como la biotecnología sin regulación común.

Bioderecho, biotecnología y sostenibilidad corporativa

La biotecnología, como motor de innovación, se encuentra estrechamente vinculada con sectores clave para los ODS (salud, alimentación, energía, medio ambiente). Tsalis et al. (2020) muestran que la Agenda 2030 plantea retos específicos al reporte de sostenibilidad empresarial, lo que permite pensar en un Bioderecho que exija transparencia y rendición de cuentas a las industrias biotecnológicas mediante marcos de reporte obligatorios alineados con ODS. En paralelo, Scott y Rajabifard (2017) destacan la relevancia de la información geoespacial para monitorear indicadores, insumo indispensable para que el Bioderecho exija trazabilidad, bioseguridad y monitoreo ambiental de actividades biotecnológicas.

Bioderecho entre la crítica política y la ética de la cooperación

La Agenda 2030 no está exenta de críticas. Telleria y García-Arias (2021) sostienen que funciona como un significante vacío que perpetúa el status quo. Ante este riesgo, el Bioderecho ofrece un instrumento correctivo, capaz de superar la narrativa retórica mediante mecanismos exigibles y sancionatorios que eviten el "greenwashing" en biotecnología y garanticen compromisos verificables. En contraposición, Li (2020) recuerda que la Agenda constituye también una apelación a la cooperación global para construir una "civilización verde". El Bioderecho puede capitalizar esta visión ética y transformarla en principios vinculantes de solidaridad y equidad intergeneracional. El análisis confirma la hipótesis inicial: son escasos los estudios que enlazan directamente el Bioderecho con la Agenda 2030, pero existe un terreno fértil para que esta disciplina emerja como un instrumento jurídico central en la regulación de la biotecnología y su contribución a los ODS.

En primer lugar, el Bioderecho aporta un marco ético-normativo que traduce compromisos políticos en obligaciones jurídicas, ofreciendo certidumbre regulatoria en contextos complejos y globalizados. En segundo lugar, permite gestionar sinergias y conflictos entre ODS, regulando el impacto de la biotecnología bajo principios de sostenibilidad fuerte y precaución. En tercer lugar, fortalece la gobernanza multinivel, integrando derecho internacional público y privado en la consecución de metas globales. Finalmente, al exigir transparencia, trazabilidad y rendición de cuentas, el Bioderecho convierte la innovación biotecnológica en un aliado estratégico de la Agenda 2030. En síntesis, el rol del Bioderecho no es marginal sino estructural: constituye el eje regulador que asegura que la biotecnología, lejos de agravar desigualdades o riesgos ambientales, se convierta en motor del desarrollo sostenible.

Conclusiones

El análisis desarrollado en este capítulo permite concluir que la **Agenda 2030** se ha consolidado como un marco normativo y político universal, aunque con **avances insuficientes y desiguales** a nivel global y regional. Desde la Cumbre de Estocolmo de 1972 y el Informe Brundtland de 1987 hasta la Declaración Política de 2023, el desarrollo sostenible ha transitado de ser una aspiración ética a configurarse como paradigma del derecho internacional, aunque aún con carácter principalmente de *soft law* y, por tanto, con limitaciones en su obligatoriedad (Brundtland, 1987; Naciones Unidas, 1972, 1992a, 1992b, 2021, 2023; Fernández-Liesa, 2022). Este déficit de eficacia normativa ha generado un cumplimiento fragmentado y desigual de los Objetivos de Desarrollo Sostenible (ODS), especialmente en América Latina, donde persisten brechas en trabajo decente, salud y reducción de desigualdades (CODS, 2019; Rueda Fiorentino, 2019, 2024; Lafortune & Fulle, 2025; Telleria & García-Arias, 2021).

En este contexto, la **biotecnología contemporánea** se proyecta como un **motor de innovación transversal** para alcanzar los ODS. Sus aportes abarcan la agricultura sostenible, la salud pública, la energía renovable, el agua limpia, la restauración de ecosistemas y la creación de empleos verdes (Cervantes, 2022; Donato et al., 2023; Polanco & Martínez, 2023; Sánchez, 2021; Velázquez-Campoy, 2018). No obstante, estos avances no son neutrales: plantean tensiones entre la intensificación productiva y la conservación de capital natural crítico, así como riesgos asociados a la concentración del conocimiento científico y a su instrumentalización bajo lógicas neoliberales (Bennich et al., 2021; Digilio, 2021).

Para gestionar estas tensiones, resulta indispensable un **marco ético-jurídico sólido**. La **bioética** establece el "mínimo ético" que debe guiar la investigación y aplicación de las biotecnologías, mientras que el **Bioderecho** traduce ese consenso ético en **normas jurídicas vinculantes** que protegen la dignidad humana, los derechos fundamentales y el medio ambiente (Casado, 2015; Silveira Gorski & Méndez, 2015; Valdés & Rendtorff, 2021). En este sentido, la Declaración Universal sobre Bioética y Derechos Humanos (2006), la jurisprudencia constitucional en Colombia (Corte Constitucional, 1996, 2014, 2020, 2023) y legislaciones nacionales en América Latina (Brasil, México, Argentina, Colombia) muestran cómo la regulación jurídica busca equilibrar innovación, precaución y justicia social.

A nivel técnico y científico, la incorporación de **nuevas tecnologías** —como la biotecnología microbiana, la ingeniería genómica, la electrobiotecnología, la biotecnología de microalgas y la robótica blanda— revela el **potencial transformador de la ciencia y la innovación** para los ODS, en sectores como el clima, la salud, el agua y la energía (Giordano et al., 2023; Gizewski et al., 2023; Olabi et al., 2023; Sutherland et al., 2021; Reuß et al., 2017; Soberón-Chávez, 2023; Milić et al., 2024; Guo et al., 2025). Sin embargo, este potencial exige acompañamiento regulatorio que garantice transparencia, trazabilidad, bioseguridad y responsabilidad frente a posibles impactos adversos.

De ahí que el **derecho internacional** desempeñe un papel esencial, no solo mediante tratados clásicos como el CDB y el Protocolo de Cartagena, sino también a través de nuevas formas de *soft law* y de la interacción entre derecho internacional público y privado. Este marco global es fundamental para armonizar intereses soberanos y necesidades de cooperación frente a retos transnacionales como los organismos genéticamente modificados, la bioprospección y el acceso a recursos genéticos (Janis, 2001; Magalhães, 2007; Pérez-León, 2008; Tripolone, 2014; Martínez Jurado, 2018; Urrutia Libarona, 2008).

Asimismo, el capítulo resalta la importancia de la **responsabilidad social empresarial (RSE)** y la sostenibilidad corporativa en la implementación de los ODS. La biotecnología aplicada en sectores productivos demanda marcos de gobernanza que exijan rendición de cuentas, transparencia y alineación con principios de economía circular y justicia social (García, 2023; Moreira et al., 2019; Seixas et al., 2020; Tsalis et al., 2020). En este sentido, el Bioderecho debe servir como garante de que los desarrollos industriales no se limiten a declaraciones voluntarias de sostenibilidad, sino que estén sujetos a obligaciones jurídicas exigibles.

Así las cosas, la **regulación jurídica de la biotecnología a través del Bioderecho** es indispensable para que la innovación científica contribuya efectivamente al logro de la Agenda 2030. Mientras la biotecnología provee soluciones técnicas para múltiples ODS, el Bioderecho asegura que estas se desarrollen bajo principios de **dignidad, equidad y sostenibilidad fuerte**, evitando que el progreso tecnológico derive en nuevas formas de exclusión o degradación ambiental. Así, el **Bioderecho se erige como disciplina estructural**, no marginal, que vincula la biotecnología con la Agenda 2030 y que debe consolidarse como eje rector de la gobernanza global en el siglo XXI.

A diferencia del **Derecho Internacional clásico**, que históricamente se ha centrado en la soberanía estatal y en tratados de alcance general (Janis, 2001; Tripolone, 2014), el **Bioderecho** surge como un marco jurídico más idóneo porque reconoce la especificidad de los dilemas éticos, sociales y ambientales que plantea la biotecnología. El ius gentium romano y las concepciones estatocéntricas de Schmitt revelan las limitaciones de un derecho internacional concebido exclusivamente para las relaciones interestatales (Janis, 2001; Tripolone, 2014). En contraste, el Bioderecho incorpora directamente la dimensión de la **dignidad humana, la bioseguridad y la justicia intergeneracional**, situando a la persona y al medio ambiente en el centro de la regulación (Casado, 2015; Silveira Gorski & Méndez, 2015; Valdés & Rendtorff, 2021).

Además, mientras el **desarrollo sostenible** en el Derecho Internacional se ha movido principalmente en el plano del *soft law*, con normas de carácter persuasivo y no vinculante (Martínez Jurado, 2018; Fernández-Liesa, 2022), el Bioderecho se orienta a **traducir compromisos políticos en obligaciones jurídicas concretas**. Esto es clave en el contexto de la Agenda 2030, que, pese a su valor universal, enfrenta un cumplimiento fragmentado y desigual (CODS, 2019; Naciones Unidas, 2021, 2023). El Bioderecho, en cambio, ofrece instrumentos normativos capaces de vincular las metas globales con la regulación nacional, asegurando que las innovaciones biotecnológicas se materialicen en **políticas públicas exigibles y medibles**.

En este sentido, el Bioderecho tiene la ventaja de articularse con los **planes de desarrollo de los Estados**, al integrar en ellos principios de precaución, prevención y sostenibilidad fuerte. Mientras el derecho internacional requiere consensos interestatales que suelen avanzar lentamente, el Bioderecho puede operar de manera más inmediata en los ordenamientos nacionales, generando normas específicas sobre bioseguridad, acceso a recursos genéticos, bioprospección y distribución equitativa de beneficios (ONU, 1992a; Narváez Torres, 2021; Corte Constitucional, 2020). De esta forma, se convierte en el canal más eficaz para **aterrizar la Agenda 2030 en acciones normativas concretas** que impactan directamente en sectores estratégicos como la agricultura, la salud y la energía.

Finalmente, el **Bioderecho** no solo complementa, sino que supera las limitaciones del derecho internacional clásico al ofrecer un marco **interdisciplinar, ético y vinculante** que vincula ciencia, derecho y sociedad. En lugar de depender exclusivamente de tratados internacionales de lenta negociación y débil implementación, el Bioderecho habilita una gobernanza multinivel que conecta compromisos globales con realidades locales. Solo así la biotecnología puede convertirse en un verdadero motor para alcanzar los Objetivos de Desarrollo Sostenible, integrando la innovación científica en los planes de desarrollo estatales bajo parámetros de equidad, justicia y sostenibilidad (Valdés & Rendtorff, 2021; Guiry, 2024; Neidhardt, 2024).

Referencias Bibliográficas

Artaraz, M. (2002). Teoría de las tres dimensiones de desarrollo sostenible: *Ecosistemas*, *11*(2). https://www.revistaecosistemas.net/index.php/ecosistemas/article/view/614

Asamblea General de las Naciones Unidas. (2023). *Resolución A/RES/78/1 de 16 de octubre de 2023.*

Bennich, T., Belyazid, S., Stjernquist, I., Diemer, A., Seifollahi-Aghmiuni, S., & Kalantari, Z. (2021). The bio-based economy, 2030 Agenda, and strong sustainability – A regional-scale assessment of sustainability goal interactions. *Journal of Cleaner Production, 278,* 125174. https://doi.org/10.1016/j.jclepro.2020.125174

Bergel, S. (2006). Biotecnología, Propiedad Intelectual y los Intereses de los Países Subdesarrollados. *Propiedad Intelectual, V* (8–9), 27–53. https://www.redalyc.org/pdf/1890/189018586003.pdf

Brundtland, G. H. (1987). *Informe de la Comisión Mundial sobre el Medio Ambiente y el Desarrollo*. https://documents.un.org/doc/undoc/gen/n87/184/70/pdf/n8718470.pdf?token=oLxZVO2EEpZBMyST1T&fe=true

Calvillo Cisneros, J. M. (2022). Análisis de los Informes Nacionales Voluntarios en Europa: Suiza, Finlandia, Eslovenia y España. *Revista Española de Desarrollo y Cooperación, 46*, 117–129. https://doi.org/10.5209/redc.81265

Carpentier, C., & Braun, H. (2020). Agenda 2030 for Sustainable Development: A powerful global framework. *Journal of the International Council for Small Business, 1*(1), 14–23. https://doi.org/10.1080/26437015.2020.1714356

Casado, M. (2015). *Bioetica, derecho y sociedad*. Editorial Trotta, S.A. https://elibro.net/es/lc/unicordoba/titulos/61370

Cervantes, J. Á. (2022). La biotecnología en la agenda 2030: Un abanico de oportunidades para alcanzar los objetivos de desarrollo sostenible. *Revista de Divulgación Científica IBIO, 4*(2), 26–28.

Cods. (2019). Índice ODS 2019 para América Latina y el Caribe. *Centro de Los Objetivos de Desarrollo Sostenible Para América Latina y El Caribe: Bogotá, Colombia.* https://unstats.un.org/sdgs/report/2021/The-Sustainable-Development-Goals-Report-2021_Spanish.pdf

Comisión Europea. (2002). *Comunicación de la comisión al consejo, al parlamento europeo, al comité económico y social y al comité de las regiones*.

Congreso de los Estados Unidos Mexicanos. (2005). *Ley de bioseguridad de organismos genéticamente modificados*. https://www.gob.mx/profepa/documentos/ley-de-bioseguridad-de-organismos-geneticamente-modificados

Congresso Nacional. (2005). *Lei n.° 11.105, de 24 de Março de 2005 (Lei de Biossegurança)*. https://www.planalto.gov.br/ccivil_03/_ato2004-2006/2005/lei/l11105.htm

Corte Constitucional. (1996). *Sentencia C-137 [MP: Cifuentes, E.]*. https://www.corteconstitucional.gov.co/relatoria/1996/c-137-96.htm

Corte Constitucional. (2014). *Sentencia T-204 [Rojas, A.]*. https://www.corteconstitucional.gov.co/relatoria/2014/t-204-14.htm

Corte Constitucional. (2020). *Sentencia C-205 [MP: Reyes, J.]*. https://www.corteconstitucional.gov.co/relatoria/2020/c-205-20.htm

Corte Constitucional. (2023). *Sentencia T-237 [MP: Fajardo, D.]*. https://www.corteconstitucional.gov.co/relatoria/2023/t-237-23.htm

Digilio, P. (2021). Biotecnología, desarrollo y neoliberalismo. *Erasmus. Revista Para El Diálogo Intercultural, 23*(1).

Donato, K., Medori, M., Stuppia, L., Beccari, T., Dundar, M., Marks, R., Michelini, S., Borghetti, E., Zuccato, C., Seppilli, L., Elsangak, H., Sozanski, G., Malacarne, D., & Bertelli, M. (2023). Unleashing the potential of biotechnology for sustainable development. *European Review for Medical and Pharmacological Sciences, 27*(6 Suppl), 100–113. https://doi.org/10.26355/eurrev_202312_34694

DNP. (2011). *CONPES 3697. 'Política para el desarrollo comercial de la biotecnología a partir del uso sostenible de la biodiversidad'.* https://colaboracion.dnp.gov.co/CDT/Conpes/Econ%C3%B3micos/3697.pdf

Fernández-Liesa, C. (2022). El desarrollo sostenible y la teoría del derecho internacional. *Revista Iberoamericana de Estudios de Desarrollo = Iberoamerican Journal of Development Studies*, *11*(2), 54–77. https://doi.org/10.26754/ojs_ried/ijds.683

García, M. (2023). Los objetivos de desarrollo sostenible (ODS) y responsabilidad social empresarial en Argentina. Estado de avance. *Revista Científica-ISSN: 2525-0396*, *7*(13), 13.

Giordano, G., Murali Babu, S. P., & Mazzolai, B. (2023). Soft robotics towards sustainable development goals and climate actions. *Frontiers in Robotics and AI, 10*. https://doi.org/10.3389/frobt.2023.1116005

Gizewski, J., v.d. Sande, L., & Holtmann, D. (2023). Contribution of electrobiotechnology to sustainable development goals. *Trends in Biotechnology*, *41*(9), 1106–1108. https://doi.org/10.1016/j.tibtech.2023.02.009

Guiry, N. (2024). International Law & the Sustainable Development Goals. *The Boolean: Snapshots of Doctoral Research at University College Cork*. https://doi.org/10.33178/boolean.2024.1.1

Guo, J., Guo, L., Waheed, A., & Jianhua, Y. (2025). Impact of Industry 5.0 Technologies and Circular Economy on Sustainable Performance: An Evaluation From Stakeholder Theory Perspective. *Sustainable Development*. https://doi.org/10.1002/sd.70087

Hajian, M., & Jangchi Kashani, S. (2021). Evolution of the concept of sustainability. From Brundtland Report to sustainable development goals. In *Sustainable Resource Management* (pp. 1–24). Elsevier. https://doi.org/10.1016/B978-0-12-824342-8.00018-3

ICA. (2006). *Resolución 946. 'Por la cual se establece el procedimiento para el trámite ante el ICA de solicitudes de Organismos Vivos Modificados, OVM; se aprueba el Reglamento Interno del Comité Técnico Nacional de Bioseguridad, CTNBio para OVM con fines exclusivamente agrícolas, pecuarios, pesqueros, plantaciones forestales comerciales y agroindustria, y se dictan otras disposiciones'*. https://www.ica.gov.co/getattachment/dab1a876-86af-4586-bcc3-4e5abf58e850/946.aspx

Janis, M. W. (2001). International Law and Treaties. In *International Encyclopedia of the Social & Behavioral Sciences* (pp. 7786–7790). Elsevier. https://doi.org/10.1016/B0-08-043076-7/02783-2

Jesus Goikoetxea, M. (2013). *Introduccion a la bioetica*. Publicaciones de la Universidad de Deusto. https://elibro.net/es/lc/unicordoba/titulos/34145

Lafortune, G., & Fulle, G. (2025). Europe Sustainable Development Report 2025: SDG Priorities for the New EU Leadership. *Paris: SDSN and Dublin: Dublin University Press*. https://eu-dashboards.sdgindex.org/

Li, X. (2020). Transforming Our World: The 2030 Agenda for Sustainable Development: An Appeal of Global Cooperation for Building Green Civilization. In *Green Civilization*. https://doi.org/10.1007/978-981-15-7812-0_2

López, I. G. (2020). *Desarrollo sostenible*. Editorial Elearning, SL. López-Mera, S. F. (2021). ¿Qué tan lejos está el ODS # 8 para Colombia? Una década de medición del trabajo decente. *Sociedad y Economía*, e10710914. https://doi.org/10.25100/sye.v0i43.10914

Magalhães, V. G. (2007). As interações entre a Convenção sobre a Diversidade Biológica (CDB) e o TRIPS. *Revista Da Faculdade de Direito, Universidade de São Paulo*, *102*, 471–489

Martínez Jurado, D. (2018). El soft law en derecho administrativo y su control judicial en Colombia. *Revista Digital de Derecho Administrativo*, *20*, 289–343. https://doi.org/10.18601/21452946.n20.12

Milić, J., Avdalović, J., & Knudsen, T. (2024). Microbial bioremediation of the oil polluted environment and the sustainable development goals of pillar Planet of the Agenda 2030. *Environment, Development and Sustainability*. https://doi.org/10.1007/s10668-024-04848-3

Ministerio de Agricultura, G. y P. (2011). *Resolución No. 763 del 17 de agosto de 2011. Argentina.* https://www.argentina.gob.ar/sites/default/files/res_no_0763-2011.marco_regulatorio_ogm.pdf

Moreira, M. R., Kastrup, É., Ribeiro, J. M., Carvalho, A. I. de, & Braga, A. P. (2019). O Brasil rumo a 2030? Percepções de especialistas brasileiros(as) em saúde sobre o potencial de o País cumprir os ODS Brazil heading to 2030. *Saúde Em Debate*, *43*(spe7), 22–35. https://doi.org/10.1590/0103-11042019s702

Munoz de Malajovich, M. A. (2013). *Biotecnologia*. Editorial de la Universidad Nacional de Quilmes. https://elibro.net/es/lc/unicordoba/titulos/77596

Naciones Unidas. (1972). *Informe de la conferencia de las Naciones Unidas sobre el medio humano*. https://docs.un.org/es/A/CONF.48/14/Rev.1

Naciones Unidas. (2006). *Declaración Universal sobre Bioética y Derechos Humanos*. https://unesdoc.unesco.org/ark:/48223/pf0000146180_spa

Naciones Unidas. (2021). *Informe de los Objetivos de Desarrollo Sostenible*.

Narváez Torres, N. (2021). La bioprospección: indicador de los vacíos jurídicos en los conocimientos tradicionales agrícolas. *Inciso*, *23*(1), e1109. https://doi.org/10.18634/incj.23v.1i.1109

Neidhardt, A. (2024). The Private Side of Transforming Our World. UN Sustainable Development Goals 2030 and the Role of Private International Law. *Revue critique de droit international privé*. https://doi.org/10.3917/rcdip.234.0964

Olabi, A. G., Shehata, N., Sayed, E. T., Rodriguez, C., Anyanwu, R. C., Russell, C., & Abdelkareem, M. A. (2023). Role of microalgae in achieving sustainable development goals and circular economy. *Science of The Total Environment*, *854*, 158689. https://doi.org/10.1016/j.scitotenv.2022.158689

ONU. (1992a). *Convenio Sobre Diversidad Biologica*. https://www.cbd.int/doc/legal/cbd-es.pdf

ONU. (1992b). *Declaración de Rio sobre el Medio Ambiente y el Desarrollo*. https://www.un.org/spanish/esa/sustdev/agenda21/riodeclaration.htm

Pérez-León Acevedo, J. P. (2008). El individuo como sujeto de derecho internacional. Análisis de la dimensión activa de la subjetividad jurídica internacional del individuo. *Anuario Mexicano de Derecho Internacional*, *1*(8). https://doi.org/10.22201/iij.24487872e.2008.8.256

Polanco, A., & Martínez, E. D. (2023). *Biotecnología, soluciones para la salud del futuro y la sostenibilidad del planeta*. LID Editorial. https://books.google.com.co/books?id=4uPGEAAAQBAJ

Presidencia de la República. (2005). *Decreto 4525 de 2005. "Por el cual se reglamenta la Ley 740 de 2002 (por medio de la cual se aprueba el 'Protocolo de Cartagena sobre Seguridad de la Biotecnología del Convenio sobre la Diversidad Biológica')"*. https://minciencias.gov.co/node/298

Rehana, R. (2020). A Research on Importance of Biotechnology and Its Important Applications in Different Fields Likes Agriculture, Food, Industrial Areas and Medicines. *Middle East Journal of Applied Science & Technology (MEJAST) Vol*, *3*, 83–95.

Reuß, D. R., Commichau, F. M., & Stülke, J. (2017). The contribution of bacterial genome engineering to sustainable development. *Microbial Biotechnology*, *10*(5), 1259–1263. https://doi.org/10.1111/1751-7915.12784

Rojas, L. G. D., Nail, S., & Duquino Rojas, L. G. (2020). *Sustentabilidad y conciencia ambiental en las ciudades de Abya Yala (Latinoamérica)*. Editorial Uniagustiniana.

Rueda Fiorentino, M. (2019). International Development Cooperation and National Strategies for the SDGs. The cases of Colombia and Chile. *Revista Internacional de Cooperación y Desarrollo*, *6*(1), 179–195. https://doi.org/10.21500/23825014.3770

Rueda Fiorentino, M., & Coronell, P. (2024). Covid-19 y Agenda 2030: el progreso de los ODS 8 y 13 en los países latinoamericanos miembros de la OCDE. *Opera*, *35*, 81–94. https://doi.org/10.18601/16578651.n35.05

Sánchez, P. (2021). Biotecnología para los retos del siglo XXI. *New Letter No 3*. https://digital.csic.es/bitstream/10261/249791/1/Newsletter%203_Testillano_2021.pdf

Scott, G., & Rajabifard, A. (2017). Sustainable development and geospatial information: A strategic framework for integrating a global policy agenda into national geospatial capabilities. *Geo-spatial Information Science, 20*, 59–76. https://doi.org/10.1080/10095020.2017.1325594

Seixas, C. S., Prado, D. S., Joly, C. A., May, P. H., Neves, E. M. S. C., & Teixeira, L. R. (2020). Governança ambiental no Brasil: rumo aos objetivos do desenvolvimento sustentável (ODS)? *Cadernos Gestão Pública e Cidadania*, *25*(81). https://doi.org/10.12660/cgpc.v25n81.81404

Silveira Gorski, H. C., & Mendez Baiges, V. (2015). *Bioetica y derecho*. Editorial UOC. https://elibro.net/es/lc/unicordoba/titulos/56380

Smyth, S. J. (2022). Contributions of Genome Editing Technologies Towards Improved Nutrition, Environmental Sustainability and Poverty Reduction. *Frontiers in Genome Editing*, *4*. https://doi.org/10.3389/fgeed.2022.863193

Soberón-Chávez, G. (2023). Some insights on traditional and novel approaches in microbial biotechnology that contribute to the United Nations Sustainable Development Goals. *Microbial Biotechnology*, *16*(11), 2015–2018. https://doi.org/10.1111/1751-7915.14318

Sutherland, D. L., McCauley, J., Labeeuw, L., Ray, P., Kuzhiumparambil, U., Hall, C., Doblin, M., Nguyen, L. N., & Ralph, P. J. (2021). How microalgal biotechnology can assist with the UN Sustainable Development Goals for natural resource management. *Current Research in Environmental Sustainability*, *3*, 100050. https://doi.org/10.1016/j.crsust.2021.100050

Telleria, J., & García-Arias, J. (2021). The fantasmatic narrative of "sustainable development". A political analysis of the 2030 Global Development Agenda. *Environment and Planning C: Politics and Space, 40*, 241–259. https://doi.org/10.1177/23996544211018214

Thieman, W. J., & Palladino, M. A. (2010). *Introducción a la biotecnología* (Vol. 7). Pearson educación Madrid.

Tripolone, G. (2014). La doctrina de Carl Schmitt sobre el derecho internacional. *Anuario Mexicano de Derecho Internacional, 14*, 347–379. https://doi.org/10.1016/S1870-4654(14)70010-8

Tsalis, T., Malamateniou, K., Koulouriotis, D., & Nikolaou, I. (2020). New challenges for corporate sustainability reporting: United Nations' 2030 Agenda for sustainable development and the sustainable development goals. *Corporate Social Responsibility and Environmental Management, 27*, 1617–1629. https://doi.org/10.1002/csr.1910

United Nations. (2019). *Report of the Secretary-General on SDG Progress 2019: Special Edition.* https://sustainabledevelopment.un.org/content/documents/24978Report_of_the_SG_on_SDG_Progress_2019.pdf

Urrutia Libarona, Í. (2008). El marco normativo de la Unión Europea sobre biotecnología. *Boletín Mexicano de Derecho Comparado.* https://doi.org/10.22201/iij.24484873e.2008.123.4025

Valdés, E., & Rendtorff, J. D. (2021). *Biolaw, economics and sustainable governance: Addressing the challenges of a post-pandemic world* (1st ed.). Routledge. https://doi.org/10.4324/9781003147848

Velázquez-Campoy, A. (2018). Biotechnology in the 21st century: Challenges and opportunities. *ANALES RANM, 135*(02), 169–173. https://doi.org/10.32440/ar.2018.135.02.rev09

Walsh, P., Murphy, E., & Horan, D. (2020). The role of science, technology and innovation in the UN 2030 agenda. *Technological Forecasting and Social Change, 154,* 119957. https://doi.org/10.1016/j.techfore.2020.119957

BIOTECNOLOGÍA
Agenda Global
BIODERECHO